TABLE
des
CALORIES
et
RÉGIMES MINCEUR

4e édition revue et augmentée

Docteur Philippe DOROSZ
Lauréat de l'Académie Nationale de Médecine

TABLE
des
CALORIES
et
RÉGIMES MINCEUR

4ᵉ édition revue et augmentée

Préface du Professeur Hugues Gounelle de Pontanel †

MALOINE
27, RUE DE L'ÉCOLE-DE-MÉDECINE,
75006 - PARIS
2004

A Patricia et Sonia

Couverture : Mafalda Colaço, Éditions Maloine.

© Maloine 1985, 1986, 1987, 1992, 1993, 1996, 1997, 1998, 2000, 2004.

ISBN 2-224-02850-4
Dépôt légal : décembre 2004
Achevé d'imprimer en décembre 2004 par Pollina s.a., France.
Nº d'impression : L95426

Sommaire

Préface

Écoutons nos ancêtres quand ils devisent sur les aliments.

Fénelon, Télémaque XIII : « Leur intempérance... change en poisons mortels des aliments destinés à conserver la vie... Les aliments qui flattent trop le goût et qui font manger au-delà du besoin empoisonnent au lieu de nourrir... ».

Boileau, Satire III : « ... Je vous sens aujourd'hui l'âme toute inquiète et les morceaux entiers restent dans votre assiette... ».

Entre la mise en garde de Fénelon et les inquiétudes de Boileau, le bon sens doit nous conduire à une juste mesure.

L'homme et la femme des années 1980 ont pris conscience de l'importance de la nutrition comme élément d'équilibre de santé. Or, l'état nutritionnel dépend évidemment de plusieurs facteurs : du facteur génétique héréditaire certes, mais aussi de celui acquis au cours de l'enfance.

Une meilleure connaissance des données élémentaires de la diététique devient ainsi indispensable.

De même que la disparition de nombreuses maladies a suivi la généralisation de la distribution d'une eau potable, de même la morbidité et la mortalité de certaines maladies, notamment cardio-vasculaires, dépendent pour une part de l'état de nutrition. Il importe ainsi que chacun d'entre nous soit parfaitement au courant de la qualité des aliments qu'il ingère.

Ces notions doivent être accessibles à tous. Ce livre du Docteur Philippe Dorosz y répond.

La connaissance de la valeur nutritive des aliments doit être considérée dorénavant comme un élément essentiel de la culture générale.

Faciliter cette meilleure connaissance est œuvre de santé publique.

À l'école, ne serait-il pas plus utile de calculer les calories d'un repas que le débit d'un robinet ou le point de croisement de deux trains, en soulignant la valeur nutritive des aliments, la nocivité des déséquilibres alimentaires, l'excès de boissons alcoolisées, l'abus des sucres et des graisses, etc. ?

C'est avec empressement que j'accepte de préfacer cet ouvrage, court en volume mais lourd d'enseignements.

Lecteurs, suivez bien ses directives, vous vivrez plus long-temps et mieux.

Professeur Hugues Gounelle de Pontanel †
Ancien Vice-Président de l'Union Internationale
des Sciences de la Nutrition et Ancien Président
de l'Académie de Médecine de France

Quelques définitions

Les calories

Une kilocalorie (kcal), ou en langage courant une *Calorie*, est la quantité de chaleur nécessaire pour élever la température de 1 kg d'eau pure de 14,5 °C à 15,5 °C à la pression atmosphérique.

Bien qu'on continue, par commodité, à employer le terme Calorie, l'unité officielle pour exprimer la valeur calorique des aliments est le kilojoule (kJ) :

> 1 kilojoule (kJ) = 0,24 Calorie (kilocalorie ou kcal)
>
> 1 Calorie ou kilocalorie (kcal) = 4,185 kilojoules (kJ)

La *valeur calorique* des aliments et des boissons dépend de leur teneur en nutriments énergétiques :

> 1 gramme de protides apporte . . . . 4 Calories
>
> 1 gramme de lipides apporte . . . . 9 Calories
>
> 1 gramme de glucides apporte . . . . 4 Calories
>
> 1 gramme d'alcool apporte . . . . 7 Calories

L'eau, les sels minéraux, les oligo-éléments et les vitamines sont des nutriments indispensables, mais appelés nutriments non énergétiques car n'apportant pas de calories.

Les nutriments

Ce sont des substances simples, apportées par l'alimentation et utilisées par l'organisme pour couvrir ses besoins.

Les aliments contiennent en proportions variables plusieurs types de nutriments :

- Des *nutriments énergétiques*, qui apportent des calories : protides ou protéines (4 Calories/gramme), lipides ou graisses (9 Calories/gramme), glucides ou sucres ou hydrates de carbone (4 Calories/gramme).

- Des *nutriments non énergétiques*, n'apportant pas de calories mais indispensables à la vie : eau, sels minéraux, oligo-éléments, vitamines.

Par ailleurs, l'alimentation peut apporter :

- Des *fibres alimentaires non digestibles*, transitant dans le tube digestif sans transformation : ces fibres sont présentes dans les végétaux (cellulose, hémicelluloses, lignines, pectines).

- De l'*alcool*, riche en calories (7 Calories/gramme), mais qui n'a aucune utilité métabolique, et qui s'avère toxique si sa consommation est excessive.

L'eau

L'eau constitue 60 % du poids corporel de l'adulte et de l'enfant (74 à 79 % chez le nouveau-né).

C'est *le plus indispensable de tous les nutriments* : l'organisme ne peut pas se passer d'apports en eau pendant plus de 24 heures sous peine de troubles graves, alors qu'il peut supporter un jeûne de quelques semaines.

Les *besoins de base en eau* sont d'environ 40 ml par kilo de poids corporel et par jour chez l'adulte et l'enfant, trois fois plus chez le nourrisson.

La moitié de ces besoins est assurée par l'eau contenue dans les aliments (sauf le sucre et l'huile qui n'en contiennent pas), l'autre moitié par les boissons.

Ces besoins de base en eau augmentent bien sûr en cas d'effort physique, transpiration, forte chaleur, fièvre, diarrhée, vomissements.

Les protides ou protéines

Ce sont des nutriments formés d'acides aminés, *apportant de l'azote*, indispensables à la croissance et au renouvellement des protéines de l'organisme, constituant tout ou partie des *enzymes* (substances impliquées dans les fonctions métaboliques), et qui participent aussi à la fourniture d'énergie.

Certains acides aminés, au nombre de huit, sont dits *acides aminés indispensables ou essentiels* car l'organisme ne peut pas les synthétiser et ils doivent donc absolument être apportés par les aliments : isoleucine, leucine, lysine, méthionine, phénylalanine, thréonine, tryptophane, valine.

Les protides ont plusieurs sources alimentaires, et on peut distinguer :

- Les *protéines d'origine animale* (œufs, viandes, poissons, lait, laitages, fromages, fruits de mer), qui contiennent tous les acides aminés. Le blanc d'œuf est considéré comme la *protéine de référence* car il contient tous les acides aminés indispensables en quantité adéquate (par définition, sa valeur biologique est égale à 100 %).

- Les *protéines d'origine végétale* (céréales, soja, légumineuses), qui ont toutes une carence relative en tel ou tel acide aminé essentiel appelé *facteur limitant* (carence importante en lysine dans les céréales et en méthionine dans les légumineuses, carence modérée en méthionine dans le soja).

C'est pourquoi on dit que la *valeur biologique des protéines* d'origine animale est supérieure à celle des protéines d'origine végétale.

Pour une alimentation équilibrée, il faut idéalement associer ces deux sources de protéines.

Ceci explique qu'une *alimentation végétarienne* ou *végétarisme* (excluant toute chair d'origine animale) puisse être équilibrée par les œufs, le beurre et les produits laitiers (*lacto-ovo-végétarisme*), mais qu'une *alimentation végétalienne* ou *végétalisme* (bannissant tous les aliments et sous-produits d'origine animale) soit dangereuse, car, en règle générale, carencée en acides aminés essentiels... mais aussi en calcium, en fer et en vitamine B12 !

Les protides doivent représenter *12 à 15 % de la ration calorique quotidienne* (soit 0,8 à 1 gramme par kilo de poids corporel idéal et par jour).

Les lipides ou graisses

Ce sont des nutriments composés de glycérol et d'acides gras. Trois d'entre eux sont dits *acides gras indispensables ou essentiels* car l'organisme ne peut les synthétiser et ils doivent absolument être apportés par les aliments : acide linoléique, acide linolénique, acide arachidonique. Les lipides sont aussi le support de certaines vitamines.

Les lipides sont des nutriments très riches en calories (9 Calories/gramme), permettant de constituer des réserves d'énergie importantes par stockage dans les tissus graisseux : ce stock permet en effet à un sujet adulte de poids normal, sous réserve d'apports suffisants en eau évidemment, de survivre à un jeûne de quelques semaines (environ 30 à 40 jours).

Les lipides ont plusieurs sources alimentaires, et on peut distinguer :

• Les *graisses d'origine animale terrestre*, riches surtout en *acides gras saturés* favorisant l'*athérome*, c'est-à-dire des dépôts dans la paroi des artères (beurre, saindoux, lard, charcuteries, viandes, crème fraîche, laitages non écrémés et fromages).

• Les *graisses des poissons*, qui, contrairement aux graisses d'autres animaux, sont riches en *acides gras poly-insaturés* ayant un rôle anti-athéromateux : la consommation de poissons ne peut donc qu'être recommandée, d'autant que les poissons même « dits gras » n'apportent en fait pas plus de calories qu'une viande de bœuf mi-grasse.

- Les *graisses d'origine végétale* (huiles végétales et margarines végétales), qui sont riches en *acides gras mono-insaturés* (huiles d'olive et de colza) et en *acides gras poly-insaturés* ayant un rôle anti-athéromateux.

Les lipides doivent représenter *20 à 30 % de la ration calorique quotidienne*, dont 1/3 d'acides gras poly-insaturés, 1/3 d'acides gras mono-insaturés, et 1/3 d'acides gras saturés.

En pratique, une alimentation bien équilibrée doit privilégier les poissons même «dits gras» et les viandes maigres, et les graisses végétales pour assaisonner les aliments (en particulier les huiles d'olive et de colza) et pour les cuire (voir les *corps gras alimentaires* au tableau 9 page 46).

Les glucides ou sucres ou hydrates de carbone

Ce sont des nutriments qui fournissent de l'énergie (4 Calories/gramme) utilisable sous forme de *glucose* par l'ensemble des cellules de l'organisme : certaines de ces cellules (en particulier les cellules cérébrales) utilisent uniquement du glucose dans des conditions normales, et doivent recourir aux corps cétoniques provenant du catabolisme des lipides (par *lipolyse*) si l'apport en glucose n'est plus assuré, par exemple en cas de jeûne.

Contrairement aux lipides, dont le stockage dans les tissus graisseux représente une réserve d'énergie très importante, le stock de glucides de l'organisme est faible (sous forme de *glycogène* dans le foie et les muscles), représentant une réserve d'énergie d'une douzaine d'heures seulement.

Les glucides ont plusieurs sources alimentaires, et on a longtemps distingué :

- Les *glucides de digestion rapide* (sucre, miel, confiture, bonbons, confiseries, gâteaux, pâtisseries, chocolat, boissons sucrées, fruits et jus de fruits).

- Les *glucides de digestion lente* apportant surtout de l'amidon (céréales, pommes de terre, tubercules, légumes secs, légumineuses, châtaignes).

Cette distinction est maintenant remise en cause car la rapidité de l'augmentation de la *glycémie* (taux de glucose dans le sang) après ingestion de glucides dépend de plusieurs autres facteurs : ingestion avec ou sans d'autres nutriments énergétiques (protides, lipides), présence ou non de fibres dans les aliments, forme solide ou liquide, mode de cuisson, etc.

Le terme de glucides de digestion lente est donc réservé actuellement aux seuls aliments réellement dégradés de façon lente dans le tube digestif (pâtes alimentaires, légumes secs).

Les glucides doivent représenter *55 à 65 % de la ration calorique quotidienne.*

Ingérés en excès, les glucides sont transformés par *lipogenèse* en lipides qui sont stockés dans les tissus graisseux, d'où une prise de poids.

Outre ce rôle favorisant dans la prise de poids, il faut souligner le rôle majeur des produits sucrés dans l'apparition de caries dentaires (surtout avec le sucre, les bonbons, les confiseries, les boissons sucrées).

Les sels minéraux et les oligo-éléments

Ce sont des constituants de l'organisme d'*origine minérale*, qui sont éliminés de façon régulière et dont les pertes doivent être compensées par un apport alimentaire adéquat.

Il n'y a pas de différence bien établie entre ces deux types de nutriments, si ce n'est leurs quantités respectives dans le corps, en effet :

- Les *sels minéraux* (calcium, magnésium, phosphore, potassium, sodium) sont présents dans le corps en quantités relativement importantes.

- Les *oligo-éléments* (cobalt, cuivre, fer, fluor, iode, manganèse, molybdène, sélénium, silicium, zinc) sont présents dans le corps en quantités très faibles.

Les sels minéraux et les oligo-éléments n'ont pas de valeur calorique : ce sont des nutriments dits non énergétiques.

Les vitamines

Ce sont des substances d'*origine organique* et qui sont indispensables à la vie, d'où leur nom (du latin *vita* – vie, et du mot *amine* = composé organique qui renferme de l'azote).

On distingue deux grands groupes de vitamines selon leur solubilité dans l'eau ou dans les graisses :

- Les *vitamines liposolubles* (vitamines A, D, E et K), qui sont solubles dans les graisses.

- Les *vitamines hydrosolubles* (la vitamine C, et toutes les vitamines du groupe B), qui sont solubles dans l'eau.

L'insuffisance d'apport en vitamines conduit à des manifestations de *carence vitaminique* plus ou moins longues à apparaître selon les réserves de l'organisme : ce risque concerne surtout les vitamines hydrosolubles qui ne sont pas stockées dans l'organisme, beaucoup moins les vitamines liposolubles (le stock de vitamine A dans le foie peut couvrir les besoins pendant plusieurs mois, la vitamine D est synthétisée au niveau de la peau sous l'influence des rayons ultra-violets du soleil, la vitamine K est synthétisée par les bactéries de l'intestin).

En dehors de la vitamine D, synthétisée au niveau de la peau si l'exposition solaire est suffisante, les vitamines doivent être apportées par les aliments, et les besoins sont généralement assurés par une alimentation variée comportant en particulier des fruits et légumes, sauf dans certaines populations dites à risques : femme enceinte ou qui allaite, ensoleillement insuffisant (nourrissons, sujets âgés ou qui vivent confinés), prise de certains médicaments, alcoolisme, tabagisme, etc.

Les modes de conservation et de préparation des aliments peuvent réduire leur teneur en vitamines (surtout en vitamines hydrosolubles, dont la vitamine C, très sensible à la chaleur et à la lumière) :

- Le lavage, la cuisson et la dessiccation entraînent une perte importante en vitamines.

- L'*appertisation* (conserves) entraîne une perte assez peu importante en vitamines (plus importante pour les conserves sous verre que pour les conserves en boîtes métalliques qui protègent les vitamines de la lumière).

• La *congélation* et la *surgélation* (ou congélation ultra-rapide) entraînent peu de pertes en vitamines.

C'est une erreur de penser que des végétaux laissés à l'étal d'un marché en plein soleil contiennent plus de vitamines que les mêmes produits surgelés ou en conserves !

Comme les minéraux et oligo-éléments, les vitamines sont des nutriments dits non énergétiques (n'apportant pas de calories).

Les fibres alimentaires non digestibles

Les végétaux contiennent des *fibres alimentaires non digestibles* par l'organisme humain, lequel est dépourvu des enzymes nécessaires.

Ce sont la *cellulose* et les *hémicelluloses* (dans le son, résidu de la mouture des céréales constitué de fragments d'enveloppes des grains, les végétaux, les pommes de terre, etc.), les *pectines* (contenues dans les végétaux et formant un gel absorbant), les *lignines* (constituants des tiges et des parties fibreuses des végétaux, des enveloppes des légumes secs).

Ces fibres traversent le tube digestif humain sans transformations, ce qui a plusieurs avantages : elles n'ont pas de valeur calorique (intérêt en cas de surpoids), elles favorisent le transit intestinal en fixant deux à six fois leur volume d'eau (intérêt en cas de constipation), elles ralentissent l'absorption des glucides et lipides (intérêt en cas de diabète), elles augmentent l'excrétion fécale des acides biliaires (intérêt pour prévenir la formation des calculs biliaires), elles absorbent les radicaux acides et ont un effet préventif concernant la survenue de polypes du côlon et très probablement de cancers du côlon.

Cependant, elles ont l'inconvénient de diminuer l'absorption des protides et des sels minéraux.

Par ailleurs, en cas d'emploi à fins thérapeutiques, notamment sous forme de son, il ne faut les utiliser qu'à doses progressives (afin de laisser au côlon le temps de s'adapter) et toujours avec de l'eau, sous peine de déclencher des douleurs abdominales, des flatulences, un météorisme, voire même un syndrome subocclusif.

L'alcool ou éthanol ou alcool éthylique

L'alcool est un produit de fermentation du glucose à haute valeur calorique (7 Calories/gramme d'alcool, soit 5,6 Calories par degré d'alcool et pour 100 ml de boisson alcoolisée). Ainsi, un litre de vin rouge à 10° (ou 10 % vol.) contient 80 grammes d'alcool ce qui représente un apport de 560 calories.

L'alcool est métabolisé dans le foie grâce à une enzyme, l'*alcool-déshydrogénase*.

L'absorption de l'alcool est bien plus rapide à jeun (environ 30 à 45 minutes) que si il est ingéré avec des aliments, notamment des aliments riches en graisses (1 heure ou plus). Elle est aussi plus rapide pour les alcools de haut degré (par exemple les eaux-de-vie) que pour les boissons alcoolisées plus diluées (vin, bière, cidre).

Par ailleurs, pour une dose d'alcool et pour un poids corporel identiques, le taux d'alcool dans le sang sera plus élevé chez les femmes que chez les hommes, pour des raisons d'ordre métabolique.

Le seuil légal d'*alcoolémie* (taux d'alcool dans le sang) est en France de 0,50 gramme/litre : il devrait être de 0 gramme/litre (taux du sujet qui n'a pas bu d'alcool) vu, notamment, sa responsabilité dans les accidents liés à la conduite de véhicules automobiles ou à l'utilisation de machines.

L'alcool doit être distingué des autres nutriments énergétiques (protides, lipides, glucides). En effet, sa consommation excessive peut entraîner des troubles sévères : troubles du comportement, désocialisation, polynévrites, altérations du foie dont cirrhose du foie, gastrite chronique, pancréatite aiguë ou chronique, risques accrus de cancers de la bouche, de l'œsophage, de l'estomac, etc.

Par ailleurs, la consommation d'alcool favorise la prise de poids, car, outre son apport calorique élevé, l'alcool stimule l'appétit, ce qu'indique bien d'ailleurs le terme « apéritif » (« Qui stimule l'appétit »).

La consommation d'alcool *ne doit pas dépasser 10 % de la ration calorique globale*, soit l'équivalent de 1/2 bouteille de vin par jour chez un homme et 1/3 de bouteille de vin par jour chez une femme.

Le métabolisme de base

C'est la *dépense minimale d'énergie* nécessaire à l'organisme pour assurer sa survie (mesurée chez un sujet au repos, allongé, à jeun depuis 12 heures, au calme émotionnel, à une température de 18 à 20 °C, suffisamment couvert pour ne pas avoir à réagir au froid ou à des pertes de chaleur).

La valeur du métabolisme de base est exprimée en Calories/heure/mètre carré de surface corporelle, et varie de 32 à 40 kcal/h/m^2: elle est en effet moindre chez la femme, et elle diminue avec l'âge (voir le tableau 6 page 32 pour le calcul de la surface corporelle exprimée en mètres carrés).

Les dépenses en calories

L'extrapolation sur 24 heures de la valeur du métabolisme de base permet d'estimer les *dépenses de base en calories pour 24 heures*.

Leur valeur, en Mégajoules (1 MJ = 239 Calories) en fonction du sexe, du poids (P en kilos), de la taille (T en mètres) et de l'âge (A en années), peut être estimée par la *formule de Harris et Benedict* :

- Femme = 2,741 + (0,0402 x P) + (0,711 x T) − (0,0197 x A)

- Homme = 0,276 + (0,0573 x P) + (2,073 x T) − (0,0285 x A)

Cette formule surestime de 3 à 6 % les dépenses de base des sujets présentant un excès de poids, et, au contraire, sous-estime de 3 à 5 % celles des sujets de plus de 60 ans et de corpulence normale.

Ainsi, pour un homme mesurant 1,70 m, pesant 70 kg et âgé de 52 ans, les dépenses de base par 24 heures sont de 5,775 MJ (1 380 Calories).

Plus simplement, on peut retenir pour l'homme les valeurs suivantes (voir le tableau 6 page 32 pour le calcul de la surface corporelle exprimée en mètres carrés) :

• À 20 ans : 40 kcal/h/m^2 soit 1 660 Calories/24 heures.

• À 40 ans : 38 kcal/h/m^2 soit 1 600 Calories/24 heures.

• À 50 ans : 36 kcal/h/m^2 soit 1 500 Calories/24 heures.

• À 65 ans : 34 kcal/h/m^2 soit 1 400 Calories/24 heures.

De même, pour une femme mesurant 1,60 m, pesant 51 kg et âgée de 52 ans, les dépenses de base par 24 heures sont de 4,813 MJ (1 150 Calories).

Plus simplement, on peut retenir pour la femme les valeurs suivantes (voir le tableau 6 page 32 pour le calcul de la surface corporelle exprimée en mètres carrés) :

• À 20 ans : 36 kcal/h/m^2 soit 1 300 Calories/24 heures.

• À 40 ans : 35 kcal/h/m^2 soit 1 260 Calories/24 heures.

• À 50 ans : 34 kcal/h/m^2 soit 1 225 Calories/24 heures.

• À 65 ans : 32 kcal/h/m^2 soit 1 150 Calories/24 heures.

À ces dépenses de base, s'ajoutent les *dépenses en calories du travail musculaire*, très variables selon le type d'activité (voir le tableau 1 page 26).

Les apports énergétiques quotidiens conseillés en fonction de l'âge, du sexe et de l'activité sont résumés dans les tableaux 2 et 3 (voir pages 28 et 29).

Des apports en calories dépassant les besoins entraînent inévitablement une prise de poids.

L'indice de masse corporelle (IMC)

L'indice de masse corporelle (IMC), nommé « Body mass index » par les Anglo-Saxons (BMI), est un indice permettant d'apprécier facilement le statut pondéral d'un sujet en fonction de sa taille et de son poids. Il est calculé en divisant le poids (exprimé en kilos) par le carré de la taille (exprimée en mètres).

Ainsi, un sujet mesurant 1,70 m et pesant 65 kg a un indice de masse corporelle calculé comme suit :

$$\text{IMC} = 65/(1,70)^2 = 65/2,89 = 22,5 \text{ kg/m}^2$$

On parle de surcharge pondérale quand l'IMC est supérieur ou égal à 25 kg/m^2, et d'obésité quand il est supérieur ou égal à 30 kg/m^2 :

Indice de masse corporelle	
Valeurs (en kg/m^2)	Statut pondéral
< 18,5	Insuffisance pondérale
18,5 à 24,9	Poids normal
25 à 29,9	Surcharge pondérale
30 à 34,9	Obésité
35 à 39,9	Obésité sévère
⩾ 40	Obésité massive

Le « Rapport Taille sur Hanches » (RTH)

Ce rapport permet d'évaluer la *répartition dans le corps des tissus graisseux* (répartition androïde, ou gynoïde, ou mixte).

On connaît, en effet, l'importance de cette répartition en ce qui concerne les risques cardio-vasculaires.

Une répartition androïde des graisses, en principe celle de l'homme, avec prédominance dans la partie supérieure du corps (abdomen), est plus souvent associée à des complications métaboliques (diabète, hyperlipidémie, hyperuricémie, hypertension artérielle) que leur répartition gynoïde.

À l'opposé, une répartition gynoïde des graisses, en principe celle de la femme, avec prédominance dans la partie inférieure du corps (cuisses, hanches et fesses), est plus souvent associée à une gêne d'ordre esthétique (« culotte de cheval ») et/ou à des complications d'ordre mécanique liées au surpoids (arthroses du genou ou de la hanche).

Une répartition mixte des graisses corporelles peut être observée, notamment chez la femme après la ménopause.

Pour calculer ce rapport, on utilise le tour de taille en centimètres (mesuré au niveau de l'ombilic) divisé par le tour de hanches en centimètres (mesuré au niveau des saillies trochantériennes, c'est-à-dire au niveau des extrémités supérieures des fémurs).

Pour des raisons liées au métabolisme (lipolyse plus ou moins élevée), une répartition androïde des graisses corporelles paraît plus sensible à un régime de restriction calorique qu'une répartition gynoïde.

Rapport Taille/Hanches		
	Valeurs normales	Obésité androïde
Femmes	0,65 à 0,80	> 0,80
Hommes	0,85 à 0,95	> 0,95

La répartition des repas

L'humain doit s'alimenter régulièrement chaque jour, afin de trouver l'énergie nécessaire à ses besoins, l'idéal étant de faire trois repas équilibrés par 24 heures avec un intervalle de temps régulier entre eux.

Soit, en raison des contingences sociales, un petit-déjeuner, un déjeuner et un dîner.

Le plus important est le *petit-déjeuner* (apport nutritionnel indispensable après la période de jeûne nocturne et avant la reprise d'une activité), le moins important est le dîner (car les besoins nutritionnels seront réduits pendant le sommeil qui va suivre).

Omettre un repas «pour maigrir» est déconseillé, car cela conduit à manger plus au repas suivant ... ou à grignoter.

Une solution encore plus péjorative est de ne faire qu'un repas par jour, surtout en supprimant le petit-déjeuner (le plus important) : il est très classique d'observer des sujets s'étonnant «de grossir alors même qu'ils ne font plus qu'un seul repas par jour pour maigrir».

Car il est bien établi qu'à apport calorique égal, un repas quotidien unique fera plus grossir que la même ration calorique fractionnée en 3 repas quotidiens, pour des raisons d'ordre métabolique: le passage de 3 repas par jour à un repas unique peut se traduire par une prise d'environ 5 kilos en 1 an !

Le grignotage

Le grignotage est défini comme une prise d'aliments en dehors des repas réguliers.

Des études ont montré que les aliments généralement préférés lors du grignotage sont, par ordre de fréquence décroissante : le chocolat (28 % des cas), les gâteaux (27 % des cas), le pain (15 % des cas), les fromages (15 % des cas), les pizzas (6 % des cas), les croissants et autres viennoiseries, les bonbons et autres confiseries.

Soit essentiellement des *aliments riches en sucres et/ou en graisses*, qui entrainent un hyperinsulinisme favorisant, à terme, une prise de poids.

Tableau 1
Dépenses énergétiques moyennes liées à l'activité
(En calories par heure, en plus des dépenses de base)

Activités	Dépenses énergétiques
Activité intellectuelle	$\approx$ 0 Calorie/heure
Aviron	400 à 600 Calories/heure
Basket-ball	400 à 500 Calories/heure
Billard	50 Calories/heure
Boxe	500 à 600 Calories/heure
Bowling	40 à 80 Calories/heure
Conduite automobile	40 à 80 Calories/heure
Course à pied	200 à 900 Calories/heure
Cyclisme	200 à 700 Calories/heure
Dactylographie	20 à 40 Calories/heure
Danse	150 à 300 Calories/heure
Équitation	100 à 400 Calories/heure
Escrime	400 à 600 Calories/heure
Football	400 à 500 Calories/heure
Golf	50 à 200 Calories/heure
Gymnastique	100 à 400 Calories/heure
Haltérophilie	400 à 500 Calories/heure
Handball	400 à 500 Calories/heure
Jardinage	50 à 150 Calories/heure
Jogging	200 à 400 Calories/heure

Activités	Dépenses énergétiques
Judo et arts martiaux	300 à 600 Calories/heure
Lutte	600 à 900 Calories/heure
Marche (3 à 5 km/h)	50 à 100 Calories/heure
Marche rapide	100 à 400 Calories/heure
Marche sur sol difficile	100 à 400 Calories/heure
Musique	40 à 80 Calories/heure
Natation	200 à 800 Calories/heure
Patinage	200 à 600 Calories/heure
Rugby	400 à 500 Calories/heure
Ski alpin	300 à 900 Calories/heure
Ski de fond	600 à 900 Calories/heure
Squash	300 à 800 Calories/heure
Sommeil	$\approx$ 0 Calorie/heure
Tennis	300 à 800 Calories/heure
Tennis de table	50 à 150 Calories/heure
Travail de bureau	20 à 40 Calories/heure
Travail manuel	50 à 200 Calories/heure
Travail manuel de force	200 à 600 Calories/heure
Travail ménager	25 à 100 Calories/heure
Volley-ball	400 à 500 Calories/heure
VTT	200 à 800 Calories/heure
Water-polo	600 à 900 Calories/heure

Tableau 2
Apports énergétiques quotidiens conseillés chez les adultes

HOMMES			
	Sédentaire	Activité habituelle	Activité importante
Calories	2 100	2 500	3 000-4 000
Protides (grammes)	50 à 76	65 à 97	72 à 126
Lipides	20 à 30 % des calories		
Glucides	55 à 65 % des calories		

FEMMES			
	Sédentaire	Activité habituelle	Activité importante
Calories	1 800	2 000	2 200-2 500
Protides (grammes)	43 à 65	48 à 72	53 à 80
Lipides	20 à 30 % des calories		
Glucides	55 à 65 % des calories		

FEMMES : AUGMENTATION DES BESOINS PENDANT LA GROSSESSE ET L'ALLAITEMENT		
	Grossesse	Allaitement
Calories	+ 150 à 350 calories	+ 500 calories
Protides	+ 10 à 20 grammes	+ 20 grammes

Tableau 3
Apports énergétiques quotidiens conseillés chez les enfants et les adolescents

ENFANTS de 1 à 9 ans			
	1 à 3 ans	**4 à 6 ans**	**6 à 9 ans**
Calories	1 360	1 830	2 190
Protides (grammes)	22 à 40	50 à 60	59 à 73
Lipides	20 à 30 % des calories		
Glucides	55 à 65 % des calories		

ENFANTS de 10 à 12 ans		
	Filles	**Garçons**
Calories	2 350	2 600
Protides (grammes)	64 à 78	70 à 86
Lipides	20 à 30 % des calories	
Glucides	55 à 65 % des calories	

ADOLESCENTS de 13 à 19 ans		
	Filles	**Garçons**
Calories	2 350 à 2 500	2 900 à 3 100
Protides (grammes)	55 à 90	70 à 110
Lipides	20 à 30 % des calories	
Glucides	55 à 65 % des calories	

Tableau 4 • Poids idéal des femmes
(poids en kilos, femme habillée)

Taille (cm)	Squelette léger	Squelette moyen	Squelette lourd
148	42,0-44,8	43,8-48,9	47,4-54,3
149	42,3-45,4	44,1-49,4	47,8-54,9
150	42,7-45,9	44,5-50,0	48,2-55,4
151	43,0-46,4	45,1-50,5	48,7-55,9
152	43,4-47,0	45,6-51,0	49,2-56,5
153	43,9-47,5	46,1-51,6	49,8-57,0
154	44,4-48,0	46,7-52,1	50,3-57,6
155	44,9-48,6	47,2-52,6	50,8-58,1
156	45,4-49,1	47,7-53,2	51,3-58,6
157	46,0-49,6	48,2-53,7	51,9-59,1
158	46,5-50,2	48,8-54,3	52,4-59,7
159	47,1-50,7	49,3-54,8	53,0-60,2
160	47,6-51,2	49,9-55,3	53,5-60,8
161	48,2-51,8	50,4-56,0	54,0-61,5
162	48,7-52,3	51,0-56,8	54,6-62,2
163	49,2-52,9	51,5-57,5	55,2-62,9
164	49,8-53,4	52,0-58,2	55,9-63,7
165	50,3-53,9	52,6-58,9	56,7-64,4
166	50,8-54,6	53,3-59,8	57,3-65,1
167	51,4-55,3	54,0-60,7	58,1-65,8
168	52,0-56,0	54,7-61,5	58,8-66,5
169	52,7-56,8	55,4-62,2	59,5-67,2
170	53,4-57,5	56,1-62,9	60,2-67,9
171	54,1-58,2	56,8-63,6	60,9-68,6
172	54,8-58,9	57,5-64,3	61,6-69,3
173	55,5-59,6	58,3-65,1	62,3-70,1
174	56,3-60,3	59,0-65,8	63,1-70,8
175	57,0-61,0	59,7-66,5	63,8-71,6
176	57,7-61,9	60,4-67,2	64,5-72,3
177	58,4-62,8	61,1-67,8	65,2-73,2
178	59,1-63,6	61,8-68,6	65,9-74,1
179	59,8-64,4	62,5-69,3	66,6-75,0
180	60,5-65,1	63,3-70,1	67,3-75,9
181	61,3-65,8	64,0-70,8	68,1-76,8
182	62,0-66,5	64,7-71,5	68,8-77,7
183	62,7-67,2	65,4-72,2	69,5-78,6
184	63,4-67,9	66,1-72,9	70,2-79,5
185	64,1-68,6	66,8-73,6	70,9-80,4

Tableau 5 • Poids idéal des hommes
(poids en kilos, homme habillé)

Taille (cm)	Squelette léger	Squelette moyen	Squelette lourd
157	50,5-54,2	53,3-58,2	56,9-63,7
158	51,1-54,7	53,8-59,9	57,4-64,2
159	51,6-55,2	54,3-59,6	58,0-64,8
160	52,2-55,8	54,9-60,3	58,5-65,3
161	52,7-56,3	55,4-60,9	59,0-66,0
162	53,2-56,9	55,9-61,4	59,6-66,7
163	53,8-57,4	56,5-61,9	60,1-67,5
164	54,3-57,9	57,0-62,5	60,7-68,2
165	54,9-58,5	57,6-63,0	61,2-68,9
166	55,4-59,2	58,1-63,7	61,7-69,6
167	55,9-59,9	58,6-64,4	62,3-70,3
168	56,5-60,6	59,2-65,1	62,9-71,1
169	57,2-61,3	59,9-65,8	63,6-72,0
170	57,9-62,0	60,7-66,6	64,3-72,9
171	58,6-62,7	61,4-67,4	65,1-73,8
172	59,4-63,4	62,1-68,3	66,0-74,7
173	60,1-64,2	62,8-69,1	66,9-75,5
174	60,8-64,9	63,5-69,9	67,6-76,2
175	61,5-65,6	64,2-70,6	68,3-76,9
176	62,2-66,4	64,9-71,3	69,0-77,6
177	62,9-67,3	65,7-72,0	69,7-78,4
178	63,6-68,2	66,4-72,8	70,4-79,1
179	64,4-68,9	67,1-73,6	71,2-80,0
180	65,1-69,6	67,8-74,5	71,9-80,9
181	65,8-70,3	68,5-75,4	72,7-81,8
182	66,5-71,0	69,2-76,3	73,6-82,7
183	67,2-71,8	69,9-77,2	74,5-83,6
184	67,9-72,5	70,7-78,1	75,2-84,5
185	68,6-73,2	71,4-79,0	75,9-85,4
186	69,4-74,0	72,1-79,9	76,7-86,2
187	70,1-74,9	72,8-80,8	77,6-87,1
188	70,8-75,8	73,5-81,7	78,5-88,0
189	71,5-76,5	74,4-82,6	79,4-88,9
190	72,2-77,2	75,3-83,5	80,3-89,8
191	72,9-77,9	76,2-84,4	81,1-90,7
192	73,6-78,6	77,1-85,3	81,8-91,6
193	74,4-79,3	78,0-86,1	82,5-92,5
194	75,1-80,1	78,9-87,0	83,2-93,4
195	75,8-80,8	79,8-87,9	84,0-94,3

Tableau 6 • Surface corporelle (adulte et grand enfant)

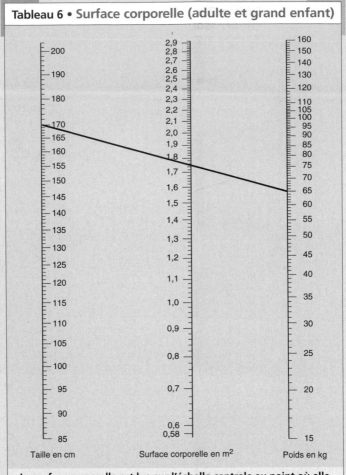

Taille en cm — Surface corporelle en m² — Poids en kg

La surface corporelle est lue sur l'échelle centrale au point où elle est coupée par la droite reliant les échelles de taille et de poids (soit dans l'exemple indiqué 1,75 m² pour 170 cm et 65 kg).

Tableau 7 • Surface corporelle
(nourrisson et jeune enfant)

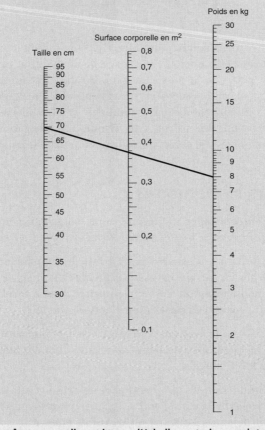

Poids en kg

Surface corporelle en m^2

Taille en cm

La surface corporelle est lue sur l'échelle centrale au point où elle est coupée par la droite reliant les échelles de taille et de poids (soit dans l'exemple indiqué 0,38 m^2 pour 70 cm et 8 kg).

A propos des régimes pour maigrir

Bien des régimes suivis pour maigrir, sans directive médicale, peuvent être nocifs, car source de dénutrition protéique avec perte de la masse musculaire du sujet lui-même (*autophagie*), de carences en nutriments non énergétiques (calcium, autres minéraux, vitamines et oligo-éléments), d'alcalinisation des urines, de risques de formation de calculs urinaires, de crises de goutte, de fatigue intense.

Erreurs alimentaires

Avant d'entreprendre un régime pour maigrir, il convient de corriger certains *mauvais comportements alimentaires*.

- *Consommation d'alcool* : le seul fait de supprimer tout alcool chez un buveur excessif suffit à le faire maigrir sans autre modification de son alimentation ... et à améliorer son état général, en particulier l'état de son foie.

- *Grignotage* : le seul fait d'arrêter le grignotage entre les repas, fréquent chez les petits mangeurs dont des femmes, suffit à faire maigrir.

- *Repas quotidien unique* : à apport calorique égal, le seul fait de répartir la ration en 2 à 3 prises quotidiennes (avec un petit-déjeuner surtout) suffit à faire maigrir.

- *Déficit relatif en protéines* : une alimentation trop pauvre en protéines peut empêcher de perdre du poids, ce qu'on observe notamment chez la femme après la ménopause, et le seul fait d'augmenter l'apport en protéines suffit à déclencher la perte de poids chez ces sujets. Les protéines doivent représenter *12 à 15 % de la ration calorique quotidienne*. Retenir la formule simple : il faut *1 gramme de protéines par kilo de poids corporel idéal et par jour*, par exemple 60 grammes pour un poids idéal de 60 kilos.

La diète protéinée

Son principe est *de supprimer tous les lipides et tous les glucides*, en apportant une grande quantité de protéines de bonne valeur biologique (avec tous les acides aminés essentiels) pour éviter la perte de masse musculaire, ceci avec suffisamment d'eau (1,5 à 2 litres par jour) pour éviter la formation de cristaux voire de calculs urinaires.

La quantité de protéines à apporter chaque jour est de *1,2 à 1,5 gramme de protéines par kilo de poids corporel idéal et par jour* (84 à 105 grammes pour un poids idéal de 70 kilos), quantité importante qui fait appel à des préparations hyperprotidiques du commerce.

Ce régime ne doit être fait que *sous surveillance médicale et durant 1 voire 2 semaines seulement*, avec apport contrôlé en vitamines, minéraux et oligo-éléments.

La perte de poids est rapide et importante (5 kilos, voire jusqu'à 8 kilos en 15 jours), mais ce régime *doit être suivi d'un retour très progressif* à un niveau calorique normal sous peine de reprendre le poids perdu (voir ci-dessous le régime hypocalorique global).

Par la suite, une fois le poids stabilisé, un repas protéiné pourra remplacer épisodiquement un repas habituel, en particulier le dîner.

Les «régimes starter»

Ces régimes très restrictifs, plutôt riches en protéines et particulièrement hypocaloriques (600 à 800 Calories/jour) ne doivent être utilisés que sous surveillance médicale. Ils entraînent une perte de poids importante (5 kilos, voire jusqu'à 8 kilos en 15 jours), mais *doivent être suivis d'un retour très progressif* à un niveau calorique normal sous peine de reprendre le poids perdu (voir ci-dessous le régime hypocalorique global).

Voici un régime de ce type apportant 700 Calories/jour seulement, mais avec 64 grammes de protéines et avec au minimum 1,5 litre de boissons par jour. Il ne doit être fait que *sous surveillance médicale et durant 1 à 2 semaines seulement*, avec un supplément quotidien de polyvitamines à doses physiologiques :

- Au petit-déjeuner : café ou thé non sucrés (utiliser un substitut du sucre) + 1 à 2 œufs durs ou à la coque.

- Vers 10 heures : collation avec 1 pomme ou 1 autre fruit + 250 ml de boissons.

- Vers midi : 100 grammes de viande ou volaille sans la peau ou 150 grammes de poissons + 150 grammes de légumes verts + 250 ml de boissons.

- Vers 16 heures : 1 yaourt + 250 ml de boissons.

- Au dîner, *mélange hyperprotidique* facile à réaliser soi-même et moins onéreux que *les produits hyperprotidiques du commerce*: 1 yaourt nature + 100 grammes de fromage blanc à 0 % MG + 5 cuillerées à café de lait en poudre écrémé, à bien battre et à arômatiser, soit goût sucré (+ 1 cuillerée à café de confiture), soit goût salé (+ sel, poivre, herbes arômatiques, épices) + 250 ml de boissons.

- Boissons : *boire au minimum 1,5 litre par jour* (eau, café ou thé ou infusions non sucrés ou avec un substitut du sucre, sodas light), mais *supprimer tout alcool* (bière, cidre, vin, apéritifs, digestifs).

- En cas de faim : 1 yaourt ou 1 œuf dur.

Bien entendu, après ce régime, il faut assurer un *retour très progressif* à une alimentation normale par un régime hypocalorique global élargi progressivement (1000 Calories/jour pendant 1 à 2 semaines, puis 1200 Calories/jour pendant 1 à 2 semaines, puis 1400 à 1600 Calories/jour pendant 1 à 2 semaines, etc.).

Le régime hypocalorique global

Maigrir suppose de perdre *du tissu graisseux*, et non pas du muscle (autophagie induite par des régimes déséquilibrés), ni de l'eau qu'on reprendra toujours, dès qu'on boit (les diurétiques sont inefficaces et très dangereux !).

En dehors d'erreurs alimentaires évidentes (voir ci-dessus), une réduction équilibrée de l'apport calorique est donc le *seul moyen de maigrir en perdant du tissu graisseux*.

Voici un exemple de régime hypocalorique global *équilibré*, apportant 1000 Calories/jour dont 64 grammes de protides, 30 grammes de lipides et 110 grammes de glucides, avec un litre de boissons par jour *au minimum* :

- Au petit-déjeuner : café ou thé non sucrés (utiliser un substitut du sucre) + 30 grammes de pain ou 2 biscottes + 200 ml de lait écrémé ou 2 yaourts ou 200 grammes de fromage blanc à moins de 20 % MG.

- Au déjeuner : 100 grammes de crudités sans huile (voir la sauce peu calorique décrite ci-dessous) + 100 grammes de viande ou volaille sans la peau ou 150 grammes de poisson + 200 à 300 grammes de légumes verts + 1 yaourt ou 100 grammes de fromage blanc à moins de 20 % MG + 150 grammes de fruits frais ou 30 grammes de fruits secs.

- Au dîner : mêmes quantités qu'au déjeuner, mais on peut remplacer les crudités par une soupe.

- Sauce pour crudités : huile de paraffine + jus de citron, vinaigre, sel, poivre, moutarde.

- Condiments autorisés : sel, poivre, concentré de tomates, moutarde, vinaigre, jus de citron, herbes aromatiques, ail, échalottes, oignons, épices.

- Boissons : *boire au minimum 1 litre par jour* (eau, café ou thé ou infusions non sucrés ou avec un substitut du sucre, sodas light), mais *supprimer tout alcool* (bière, cidre, vin, apéritifs, digestifs).

- En cas de faim : 1 yaourt ou 1 œuf dur.

Des apports supplémentaires permettent d'adapter cette ration de base au niveau calorique souhaité :

- Pour 1200 Calories/jour : ajouter 50 grammes de pain + 10 grammes de matières grasses (beurre, margarine ou huile).

- Pour 1400 Calories/jour : ajouter 50 grammes de pain + 15 grammes de matières grasses (beurre, margarine ou huile) + 100 grammes de féculents + 30 grammes de fromage à moins de 45 % MG.

- Pour 1600 Calories/jour : ajouter 80 grammes de pain + 30 grammes de matières grasses (beurre, margarine ou huile) + 150 grammes de féculents + 30 grammes de fromage à moins de 45 % MG.

Le régime dissocié

Basé sur *la consommation exclusive d'un seul type d'aliments chaque jour* (viande le premier jour, légumes le second jour, laitages le troisième jour, fruits le quatrième jour, poisson le cinquième jour, fromage le sixième jour, œufs le septième jour), ce régime entraîne un amaigrissement portant sur la masse grasse, mais aussi sur les muscles.

Ce régime *est très déséquilibré* sur le plan protido-calcique et vitaminique et entraîne rapidement des troubles carentiels et une fatigue intense, ainsi qu'une perte de masse musculaire.

Il a plusieurs variantes recommandant un aliment unique à chaque repas au lieu de un seul par jour, ou de dissocier les aliments glucidiques et protidiques, ou de dissocier les aliments lipidiques et glucidiques, tous ces concepts n'ayant aucune justification comme l'ont démontré des travaux scientifiques sérieux.

Le régime Atkins

Inspiré du régime dissocié, ce régime prône la *suppression de tous les glucides* avec consommation à volonté de lipides et protides.

Ainsi, il prône de manger, sans aucune restriction, viandes, charcuteries, fromages, graisses, mayonnaise, etc. (mais sans pain ni aucun autre aliment glucidique).

Ce régime est apprécié par les sujets très carnivores, gros mangeurs et attirés par le goût salé. Il permet des pertes de poids importantes (5 voire 10 kilos en 1 mois), les protides ingérés et les corps cétoniques produits par l'organisme ayant un effet rassasiant.

Mais il est rapidement écœurant, *très carencé* en vitamines, en acides gras essentiels, en oligo-éléments et en fibres non digestibles.

Par ailleurs, le sujet étant en *acido-cétose*, il a une haleine désagréable résistant même aux chewing-gums et produits destinés à purifier l'haleine.

Enfin, il est déconseillé aux sujets coronariens ou ayant des troubles des lipides sanguins (hypercholestérolémie, hypertriglycéridémie, hyperlipidémies mixtes).

Ce régime est un *non sens dangereux*, à déconseiller formellement, surtout chez les obèses et les sujets à risque de troubles coronariens ou ayant de tels antécédents.

Le régime fruits

Il s'agit d'un régime à base de fruits uniquement (raisin ou ananas le plus souvent) et avec beaucoup de boissons (eau, thé, infusions), prôné un ou deux jours par semaine, mais parfois prolongé huit jours successifs contre toute raison !

Ce régime à proscrire est déséquilibré et très carencé (en protéines, calcium, acides gras essentiels, vitamines liposolubles) et il peut entraîner une carence protidique majeure (avec perte de masse musculaire) si il est suivi plusieurs jours.

Il est par ailleurs laxatif et à éviter absolument en cas de maladies intestinales.

Le jeûne

Dans les pays dits développés, le jeûne observé n'excède pas une douzaine d'heures, ce qu'on appelle le *jeûne nocturne*. Mais, dans beaucoup d'autres pays, dits du tiers monde, la famine sévit hélas encore, exposant les populations à des jeûnes bien involontaires !

L'organisme humain est ainsi fait qu'un sujet peut survivre environ 30 à 40 jours en situation de carence énergétique, sous réserve, évidemment, d'apports suffisants en eau, vitamines, minéraux et oligo-éléments. L'essentiel de ses réserves énergétiques est dans ses tissus graisseux, sous forme de triglycérides.

Les adaptations métaboliques de l'organisme en cas de jeûne sont très rapides et très importantes :

- Epuisement en 2 jours des réserves en glucides (stockées sous forme de glycogène dans le foie et les muscles).

- Utilisation de ses propres protéines (acides aminés) pour fabriquer des glucides (*néoglycogénèse*).

- Négativation du bilan azoté provoquant une atrophie musculaire rapide (*amyotrophie*): la perte pondérale, d'environ 8 kilos en 3 semaines, correspond en effet pour plus de un tiers à une perte de masse musculaire.

Certains sujets souhaitant maigrir sont tentés par le jeûne, qui peut avoir une connotation religieuse ou de purification.

Mais c'est *un régime dangereux*, au cours duquel on perdra surtout du muscle, avec une grande fatigue, mais aussi avec une baisse des défenses immunitaires pouvant être à l'origine d'infections en cas de jeûne prolongé.

Les substituts de repas

Ces produits peuvent remplacer un repas ou compléter les apports lors d'un régime hypocalorique. Leur composition est très variable et devrait respecter l'équilibre suivant : 12 à 15 % de calories d'origine protidique, 20 à 30 % de calories d'origine lipidique, et 55 à 65 % de calories d'origine glucidique.

Mais ces produits sont assez onéreux, alors qu'un sandwich «thon/œufs/salade» avec 100 grammes de «bon» pain apporte environ 460 Calories avec une composition équilibrée !

A propos de quelques autres régimes

- Le *régime végétarien* dit aussi «*Lacto-ovo-végétarisme*» proscrit la consommation de toute chair d'origine animale terrestre ainsi que les poissons, mais autorise le lait, les laitages et fromages, le beurre et les œufs, ce qui peut l'équilibrer. Il peut toutefois être source de carence en protéines et en fer en cas d'application trop stricte.

- Le *régime végétalien* dit aussi «*Végétalisme*» proscrit tout aliment d'origine animale, y compris le lait, les laitages, les fromages, le beurre et les œufs. Ce régime entraîne rapidement une *carence protéique sévère*, car, avec uniquement des protéines d'origine végétale, de faible valeur biologique, les acides aminés manquants, d'origine animale, sont pris sur les protéines du sujet lui-même (*autophagie*), une *carence en fer*, une *carence en vitamine B12* d'origine exclusivement animale (avec un épuisement complet des réserves en vitamine B12 après environ 4 ans de végétalisme), une *carence en calcium*. Ce régime est *dangereux pour la santé et à proscrire*.

- Le *régime macrobiotique*, basé sur la consommation unique de riz complet, légumes et légumineuses diverses, avec en plus une restriction hydrique, est non seulement *asocial mais dangereux pour la santé* (carence protéique constante, carences en fer, en calcium, en vitamine B12, troubles liés à la restriction hydrique dont risques de formation de cristaux et calculs urinaires, etc.).

Tableau 8 • Quelques « Bombes à calories »

Pour 100 g (sauf autre mention)	Calories	Protides	Lipides	Glucides
Alcool	700	–	–	–
Beurre	750	0,4	83	0,4
Huiles	900	–	99,9	–
Margarines	750	0,1	83	0,2
Mayonnaise	710	1,3	78	0,7
Vinaigrette	453	0,1	50	0,2
Amandes	580	19	54	4,5
Avocat (1 avocat)	368	5	37,5	2,5
Biscuits secs salés	492	9	20	69
Biscuits secs sucrés	448	9	12	76
Bonbons	380	–	–	95
Brioche	411	10	23	41
Cacahuètes	588	26	50	8,5
Charcuteries	220-500	11-26	15-50	1-4,5
Chips	582	5,5	40	50
Chocolat	550	5	30	65
Confitures de fruits	278	0,5	–	69
Cornets de glace (1)	225	4	9	31
Crème Chantilly	332	2	32	9
Crêpes	188	7	8	22
Croissants	405	7,5	17,2	55
Éclairs (1 gâteau)	250	6	11	32
Esquimaux glacés (1)	225	3,6	9	32,4

Tableau 8 • *suite*				
Pour 100 g (sauf autre mention)	Calories	Protides	Lipides	Glucides
Feuilles de vigne (1)	70	0,4	4,3	7,4
Friand au fromage (1)	374	8,4	24,2	30,8
Friand à la viande (1)	327	13	23	17
Frites	400	5	19	52
Glaces	188	4	7,5	26
Milk-shake (250 ml)	280	8,7	5	50
Mousse au chocolat	232	6	12	25
Noix	668	14,5	63	11
Noix de cajou	612	19	48	26
Olives noires	294	2	30	4
Olives vertes	120	1,4	12,7	–
Pain au chocolat (1)	285	4,9	14	35
Pain au raisin (1)	240	5,8	8,7	34,4
Pâtés	376	10	36	3
Pâtisseries	300-500	5-9	4-23	40-78
Pistaches	606	21	52	13,5
Pizzas	250	10	10	30
Pop-corn	345-480	9-12	5-28	48-63
Rillettes	464	15	45	0,1
Saucisses	324	13	30	0,5
Saucissons secs	473	25	41	1
Tarama	544	8,5	54	6
Tartes aux fruits	300	3,5	15	38

Tableau 9 • Corps gras alimentaires				
Corps gras	Lipides (%)	Répartition des acides gras (%)		
		Poly-insaturés	Mono-insaturés	Saturés
Corps gras riches en acides gras saturés [a]				
Végétaline	100	0	1	**99**
Beurre	83	3	30	**67**
Beurre dit « allégé »	41	4	34	**62**
Crème fraîche	33	3	33	**64**
Lard	70	14	44	**42**
Saindoux	99	8	42	**50**
Margarine standard	83	5-10	28-53	**39-65**
Margarine végétale	83	15-25	30-42	**30-50**
Huile de palme	100	10	37	**53**
Huile d'arachide	100	20	55	**25**
Corps gras riches en acides gras mono-insaturés [b]				
Graisse d'oie	99	11	**58**	31
Huile de colza	100	30	**62**	8
Huile d'olive	100	12	**74**	14
Corps gras riches en acides gras poly-insaturés [b]				
Margarines diverses au tournesol	83	**50**	32	18
Margarine Becel	99	**69**	18	13
Margarine Crox-Vitol	99	**69**	18	13
Huile de maïs	100	**56**	26	18
– de germe de blé	100	**58**	18	24
– de soja	100	**60**	21	19
– de tournesol	100	**64**	24	12
– de pépin de raisin	100	**67**	16	17
– de noix	100	**72**	18	10
– de carthame	100	**76**	14	10

a. Graisses à proscrire en cas de régime hypocholestérolémiant.
b. Graisses à consommer en cas de régime hypocholestérolémiant (mais ne pas utiliser les graisses riches en acides gras poly-insaturés pour les fritures, car dégradation au-delà de 180 °C).

Note au lecteur

La table suivante indique la valeur calorique des aliments et leur teneur en nutriments énergétiques (protides, lipides, glucides) exprimée en grammes, et ceci pour *100 grammes de leur partie comestible crue ou pour 100 ml de boisson*.

Ces données sont parfois indiquées aussi *avant et après la cuisson* (pour les pâtes, légumes secs, céréales).

Pour une utilisation plus facile elles sont rapportées parfois *en plus* à d'autres quantités, par exemple :

- 1 baguette de pain (250 grammes), 1 biscotte.

- 1 noix de beurre ou de margarine (10 grammes).

- 1 cuillère à café ou à soupe de confiture ou huile.

- 1 morceau ou 1 cuillère à café de sucre.

- 1 pot de yaourt (125 grammes), 1 petit-suisse.

- 1 assiette de soupe (250 ml).

- 1 canette de bière ou de soda (33 cl).

- 12 escargots ou 12 huîtres.

- 10 fruits oléagineux (amandes, cacahuètes, etc.).

- 1 fruit, 1 œuf, 1 croque-monsieur ou 1 sandwich, 1 nem, 10 olives, 1 blini, 1 crêpe, 1 croissant, etc.

Les aliments et boissons **composés en caractères gras** sont riches en calories (provenant surtout des sucres, des graisses et de l'alcool) et donc **déconseillés** à celles et ceux qui souhaitent perdre du poids.

Pour 100 g ou 100 ml	Calories	Protides	Lipides	Glucides
Abalone (ormeau)	92	17	2	1,5
Abats	120	17	6	–
– Abats en sauce	150-240	15-17	10-20	–
Ablette	90	17,5	2	0,5
Abondance	362	29	26	3
Abricots :	44	1	–	10
– 1 abricot frais	22	0,5	–	5
– Abricots secs	182	4	0,6	40
– 1 abricot sec	18	0,4	–	4
– Abricots au sirop	66	0,5	–	16
– Jus d'abricot	56	0,5	–	13,5
Abricot du Japon (kaki)	66	0,7	0,2	15,3
Abusseau (athérine)	85	18	1,5	–
Actinidia (kiwi)	50	1,1	0,6	10
– 1 kiwi moyen	50	1,1	0,6	10
Agarics	23	2,7	0,5	1,8
Agave (alcools) :				
– Mescal	112	–	–	–
– Pulque	56	–	–	–
– Tequila	224	–	–	–
Agneau :				
– Viande (en moyenne)	216	18	16	–
– Baron d'agneau	216	18	16	–
– Carré d'agneau	209	15	16,5	–
– Cervelle d'agneau	139	10	10,7	0,5

Pour 100 g ou 100 ml	Calories	Protides	Lipides	Glucides
– Cœur d'agneau	157	17	9,5	1
– Collier d'agneau	209	15	16,5	–
– Côte d'agneau	209	15	16,5	–
– Épaule d'agneau	289	16	25	
– Épaule maigre	193	19	13	–
– Foie d'agneau	139	21	5	2,5
– Gigot d'agneau	225	18	17	–
– Graisse d'agneau	798	1,5	88	–
– Langue d'agneau	193	14	15	–
– Ris d'agneau	116	20	4	–
– Rognons d'agneau	95	17	3	–
– Selle d'agneau	234	18	18	–
Agrumes :				
– Bergamote	42	1,1	0,9	7,4
– Bigarade	42	1,1	0,9	7,4
– Cédrat confit	95	0,5	1	21
– Chadec	42	0,5	–	10
– Citron	28	0,5	–	6,5
– Citron vert (lime)	22	0,5	–	5
– Clémentine	46	0,5	–	11
– Clémenvilla	46	0,5	–	11
– Combava	22	0,5	–	5
– Kumquat	42	1,1	0,9	7,4
– Kumquat confit	95	0,5	1	21
– Lime (citron vert)	22	0,5	–	5

Pour 100 g ou 100 ml	Calories	Protides	Lipides	Glucides
– Lime sauvage	22	0,5	–	5
– Mandarine	46	0,5	–	11
– Oranges	40	1	–	9
– Oranges amères	42	1,1	0,9	7,4
– Oranges naines	42	1,1	0,9	7,4
– Pamplemousse	42	0,5	–	10
– Pomelo	42	0,5	–	10
– Tangelo	42	0,5	–	10
– Tangerine	46	0,5	–	11
– Ugli	42	0,5	–	10
– Zestes d'agrumes	0	–	–	–
Aiglefin ou Églefin	71	17	0,3	–
– Aiglefin fumé (haddock)	101	23	1	–
Aiguille de mer (orphie)	91	16	3	–
Aiguillette de bœuf	148	28	4	–
Ail	135	6	0,1	27,5
Aïoli	710	1,3	78	0,7
– Aïoli « allégé »	463	2	47	8
Airelles	16	0,2	0,4	2,5
Aisy cendré	322	31	22	–
Albacore (thon)	105	24	1	–
Alcool (100 grammes)	700	–	–	–
Algues sèches	243	19	0,8	40
Aligot	182	9	12	9,5
Alkékenge	45	1	0,1	10

Pour 100 g ou 100 ml	Calories	Protides	Lipides	Glucides
Alose	161	20	9	–
Alouette	115	25	1,5	–
Aloyau de bœuf	180	20	11	–
Alphée (écrevisse)	72	16	0,5	1
Amandes	580	19	54	4,5
– 10 amandes sèches	72	2,4	6,7	0,5
– Pâte d'amandes	460	9	24	52
– Poudre d'amandes	580	19	54	4,5
– Amandine (1 gâteau)	353	6	21	35
Amandes de mer	82	10	2	6
Amanite des Césars	32	4	0,2	3,4
Amanite rougissante	32	4	0,2	3,4
Ambarella	47	0,4	0,1	11
Amour en cage	45	1	0,1	10
Amourettes	130	10	9	2
Anacarde (noix de cajou)	612	19	48	26
– 10 noix de cajou	92	2,8	7,2	3,9
Ananas	48	0,4	–	11,6
– Ananas au sirop	69	0,4	0,1	16,5
– Jus d'ananas	51	0,4	–	12,2
Anchois frais	129	20	5,4	–
– Anchois à l'huile	160	22	8	–
– Anchois salés	205	22	13	–
– Anchoïade	478	11,2	48	0,2
– Beurre d'anchois	478	11,2	48	0,2

Pour 100 g ou 100 ml	Calories	Protides	Lipides	Glucides
– Pâte d'anchois	478	11,2	48	0,2
– Pissalat	478	11,2	48	0,2
Andouille	221	19	16	0,3
Andouille de Guéméné	235	18	18	0,2
Andouille de Vire	239	19	18	0,2
Andouillette	235	18	18	0,2
– 1 andouillette (150 g)	352	27	27	0,3
Andouillette de Troyes	256	19	20	0,1
– 1 andouillette (150 g)	384	28,5	30	0,1
Aneth ou Faux anis	0	–	–	–
Angélique	0	–	–	–
Angélique confite	380	1	–	94
Angostura	252	–	–	–
Anguille	206	20	14	–
– Anguille fumée	305	20	25	–
– Civelles ou Pibales	206	20	14	–
Anguille de mer (congre)	115	22	3	–
Animelles (rognon blanc)	116	20	4	–
Anis étoilé (badiane)	0	–	–	–
Anis vert	0	–	–	–
– Apéritifs anisés	270	–	–	2
– 1 apéritif anisé (4 cl)	108	–	–	0,8
– Anisés sans alcool	0	–	–	–
– Anisette (liqueur)	207	–	–	16
– Sirop d'anis	328	–	–	82

Pour 100 g ou 100 ml	Calories	Protides	Lipides	Glucides
Anones :				
– Cachiman	53	1,3	0,2	11,4
– Chérimole	62	1,3	0,4	13,3
– Cœur-de-bœuf	53	1,3	0,2	11,4
– Corossol	53	1,3	0,2	11,4
– Pomme-cannelle	98	1,8	0,2	22,2
Antilope	120	22	3,5	–
Apéricubes (1 de 5,3 g)	13	0,5	1,2	0,1
Apéritifs :				
– 1 apéritif anisé (4 cl)	108	–	–	0,8
– 1 anisé sans alcool	0	–	–	–
– 1 bière (33 cl)	105	–	–	8,5
– 1 bière sans alcool	105	–	–	16
– 1 Bourbon (4 cl)	96	–	–	–
– 1 Cinzano (4 cl)	56	–	–	5,6
– 1 flûte de champagne	80-110	–	–	1,1-2
– 1 Kir (10 cl)	85	–	–	2,5
– 1 Martini (7 cl)	112	–	–	8,4
– 1 Porto (7 cl)	100	–	–	7
– 1 Suze (4 cl)	56	–	–	5,6
– 1 verre de vin (15 cl)	75-110	–	–	0-3
– 1 Vodka (4 cl)	100	–	–	–
– 1 Whisky (4 cl)	90	–	–	–
Appenzell	409	28	33	–
Apple-pie	300	2	19	31

Pour 100 g ou 100 ml	Calories	Protides	Lipides	Glucides
– 1 portion de 85 g	255	1,7	16	26,3
Aquavit ou Akvavit	252	–	–	–
Arachide :				
– Cacahuètes	588	26	50	8,5
– 10 cacahuètes	33	1,5	2,7	0,5
– Beurre de cacahuète	610	27	50	13
– Huile d'arachide	900	–	99,9	–
– Pâte d'arachide	610	27	50	13
Araignée de bœuf	148	28	4	–
Araignée de mer (maïa)	99	20	1,6	1
Arak	224	–	–	–
Arapède (bernique)	92	17	2	1,5
Arbouse	86	0,7	0,4	20
Arbre à pain (fruit)	90	1,5	0,5	20
Arcachon (huîtres)	80	10	2	5
– 12 huîtres	110	13	3	7,5
Argane (huile d'argane)	900	–	99,9	–
Armagnac	224	–	–	–
– 1 verre de 4 cl	90	–	–	–
Armoise	0	–	–	–
Arneguy	300	27	20	3
Aromates :				
– Aneth (faux anis)	0	–	–	–
– Angélique	0	–	–	–
– Anis étoilé (badiane)	0	–	–	–

Pour 100 g ou 100 ml	Calories	Protides	Lipides	Glucides
– Anis vert	0	–	–	–
– Armoise	0	–	–	–
– Badiane (anis étoilé)	0	–	–	–
– Basilic	0	–	–	–
– Bouquet garni	0	–	–	–
– Boutons de rose	0	–	–	–
– Cardamome	0	–	–	–
– Carvi	0	–	–	–
– Cerfeuil	68	3,5	0,1	11,5
– Chibt (aneth)	0	–	–	–
– Ciboule (cive)	25	3	0,6	2
– Ciboulette (civette)	25	3	0,6	2
– Citronelle	0	–	–	–
– Coriandre	28	4,4	0,5	1,4
– Estragon	0	–	–	–
– Farigoule (serpolet)	0	–	–	–
– Fenouil	0	–	–	–
– Fenouil bâtard (aneth)	0	–	–	–
– Fines herbes	0	–	–	–
– Herbes aromatiques	0	–	–	–
– Laurier	0	–	–	–
– Livèche	0	–	–	–
– Maceron	0	–	–	–
– Marjolaine (origan)	0	–	–	–
– Mélisse	0	–	–	–

Pour 100 g ou 100 ml	Calories	Protides	Lipides	Glucides
– Menthe	0	–	–	–
– Origan (marjolaine)	0	–	–	–
– Persil	28	4,4	0,5	1,4
– Persil chinois	28	4,4	0,5	1,4
– Pimprenelle	0	–	–	–
– Poivre d'âne (sarriette)	0	–	–	–
– Romarin	0	–	–	–
– Sarriette	0	–	–	–
– Sauge	0	–	–	–
– Serpolet (farigoule)	0	–	–	–
– Thym	0	–	–	–
– Tussilage	0	–	–	–
Arroche	14	1,8	–	1,4
Arrow-root (fécule)	346	10	2	72
Artichaut	40	2	–	7,5
– Fonds d'artichaut	40	2	–	7,5
Asiago	300	27	20	3
Aspartam	0	–	–	–
Asperge	25	2,7	0,3	3
Asti (vin mousseux)	70	–	–	1,5
Athérine (prêtre)	85	18	1,5	–
Aubergines	19	1	0,2	3,2
– Caviar d'aubergines	200	2,5	19	4,5
Autruche	124	22	4	–
Aveline fraîche	376	7	36	6

Pour 100 g ou 100 ml	Calories	Protides	Lipides	Glucides
– Aveline sèche	646	13	62	9
Avocat	147	2	15	1
– 1 avocat de 250 g	368	5	37,5	2,5
– 1/2 avocat-crevettes	284	6	28	2
– Guacamole	147	2	15	1
– Purée d'avocat	147	2	15	1
Avoine :				
– Farine d'avoine	353	12	5	65
– Flocons d'avoine	390	13,5	7,5	67
– Grains d'avoine	333	12	5	60
– Gruau d'avoine	333	12	5	60
– Porridge	157	6,1	4,7	22,6
Azeitao	300	27	20	3
Azyme (pain azyme)	370	11	1,5	78
Babaco	24	1	0,1	4,6
Babeurre	33	3,3	0,2	4,5
Babybel	335	22	27,5	–
– 1 Babybel (200 g)	670	44	55	–
– 1 Mini-Babybel (25 g)	84	5,5	6,9	–
Bacca (rhum)	235	–	–	–
Bacardi (rhum blanc)	235	–	–	–
Bacon :				
– Filet de bacon fumé	132	23	4,3	0,4
– Poitrine fumée	304	16	26,5	0,5

Pour 100 g ou 100 ml	Calories	Protides	Lipides	Glucides
Badiane (anis étoilé)	0	–	–	–
Bagnes	362	29	26	3
Baguette de pain blanc	275	8,5	1	58
– 1 baguette (250 g)	687	21	2,5	145
– 1/2 baguette (125 g)	343	10,5	1,2	72,5
– 1/4 baguette (62,5 g)	172	5,2	0,6	36,2
Baguette briochée	267	7	3	53
– 1 baguette (250 g)	667	17,5	7,5	132,5
– 1/2 baguette (125 g)	334	8,7	3,8	66,2
– 1/4 baguette (62,5 g)	167	4,4	1,9	33
Baies	16-55	0,2-1	0,4	2,5-11
Balane (gland de mer)	73	16	0,5	1
Baliste	141	24	5	–
Ballotines	265	14	21	5
Baltique (hareng mariné)	239	16	15	10
Bambou (pousses)	35	2,3	0,2	6
Bamya (gombo)	40	1,4	0,3	8
Bananes douces	95	1	0,3	22
– 1 banane de 100 g	95	1	0,3	22
– Banane sèche	273	3	1	63
– Banane déshydratée	362	4	2	82
– Bourgeons de bananier	47	3	0,3	8
– Fleurs de bananier	47	3	0,3	8
Bananes à cuire	123	1,5	0,5	28
Bananes plantain	123	1,5	0,5	28

Pour 100 g ou 100 ml	Calories	Protides	Lipides	Glucides
Banon	228	18	16	3
Banyuls	125	–	–	–
Baobab (fruit)	295	2	0,5	70
– Farine de baobab	333	6,6	0,3	76
Bar (loup ou loubine)	111	19	3,9	–
Barack	224	–	–	–
Barbadine	55	2,5	1,2	8,5
Barbarée	18	2,2	–	2
Barbe-de-capucin	15	1	0,3	2
Barbeau	90	18	2	–
Barbue	78	15	2	–
Bardane (racine)	96	3	–	21
Barde de lard gras	670	10	70	–
Bardot (colin ou merlu)	84	17,5	1,5	–
Barres alimentaires :				
– Barres « minceur »	357	27	7,2	46
– aux céréales	424	8,5	14,5	65
– aux céréales et fruits	386	6,2	6,6	75,5
– aux céréales et raisin	400	5,8	11,3	69
– au chocolat	458	5,6	19	66
– à la noix de coco	488	4,5	26	59
Baron d'agneau	216	18	16	–
Barracuda	136	25	4	–
Bartavelle	115	25	1,5	–
Bas de carré de veau	175	19	11	–

Pour 100 g ou 100 ml	Calories	Protides	Lipides	Glucides
Basilic	0	–	–	–
Basses-côtes de bœuf	257	17	21	–
Batavia (laitue)	15	1	0,3	2
Baudroie (lotte de mer)	79	18	1	–
Bavette de bœuf	148	28	4	–
Beaufort	401	26,6	32,7	–
Bécasse	115	25	1,5	–
Bécassine	115	25	1,5	–
Becfigue	115	25	1,5	–
Bécune	136	25	4	–
Beefalo	180	20	11	–
Beignets	402	6	22	45
Beignets à la confiture	350	6	14	50
Bel Paese	333	27	25	–
Bélangère (aubergine)	19	1	0,2	3,2
Belons (huîtres)	80	10	2	5
– 12 huîtres	110	13	3	7,5
Belval	333	27	25	–
Bénédictine	280	–	–	10
Bergamote	42	1,1	0,9	7,4
Bergues	125	20	5	–
Berlingots	380	–	–	95
Bernique (patelle)	92	17	2	1,5
Bête noire (sanglier)	111	21	3	–
Bête rousse (sanglier)	111	21	3	–

Pour 100 g ou 100 ml	Calories	Protides	Lipides	Glucides
Bêtises de Cambrai	380	–	–	95
Bette (blette ou poirée)	24	2	0,2	3,5
Betterave fourragère	47	1,8	–	10
Betterave rouge	40	1,6	–	8
Betterave sucrière	47	1,8	–	10
Beurre	750	0,4	83	0,4
– 1 noix (10 grammes)	75	–	8,3	–
Beurre « allégé »	401	7	41	1
– 1 noix (10 grammes)	40	0,7	4,1	0,1
Beurre d'anchois	478	11,2	48	0,2
Beurre de cacahuète	610	27	50	13
Beurre de cacao	886	–	98	1
Beurre de karité	886	–	98	1
Bibasse (nèfle du Japon)	34	0,7	0,2	7,3
Bharat (épices)	0	–	–	–
Biche	120	22	3,5	–
Bidao	22	0,6	0,1	4,6
Bières (pour 33 cl) :				
– Bière ordinaire	105	–	–	8,5
– Bière bock	105	–	–	8,5
– Bière de luxe	150	–	–	13
– Bière spéciale	150	–	–	13
– Bière sans alcool	105	–	–	16
Bifteck de bœuf	148	28	4	–
– haché à 5 % MG	129	21	5	–

Pour 100 g ou 100 ml	Calories	Protides	Lipides	Glucides
– haché à 10 % MG	168	19,5	10	–
– haché à 15 % MG	207	18	15	–
– haché à 20 % MG	250	17,5	20	–
Bifteck de cheval	130	22	4,6	–
Bigarade (orange amère)	42	1,1	0,9	7,4
– Cointreau	208	–	–	16
– Curaçao	288	–	–	30
– Triple sec	208	–	–	16
Bigarreaux (cerises)	77	1	0,5	17
Bigorneaux	100	20	2,3	–
Biscottes ordinaires	406	10	6	78
– Biscottes au gluten	406	20	6	68
– Biscottes au son	348	14,5	6,5	58
– Biscottes complètes	374	12	6	68
– 1 biscotte (moyenne)	40	1-2	0,6	6-7,8
Biscuits :				
– Biscuits à la cuillère	337	9	5	64
– Biscuits au beurre	420	5,5	10	77
– Biscuits aux amandes	508	8	24	65
– Biscuits au chocolat	494	7	22	67
– Biscuits au fromage	528	12,5	30	52
– Biscuits aux fruits	391	5	7	77
– Biscuits aux noisettes	508	8	24	65
– Biscuits secs salés	492	9	20	69
– Biscuits secs sucrés	448	9	12	76

Pour 100 g ou 100 ml	Calories	Protides	Lipides	Glucides
– Boudoirs	372	7,5	4	76,5
– Bretzel (1 bretzel)	82	2,4	3,3	10,6
– Brownies	463	5	23	59
– Cigarettes	360	8	8	64
– Congolais (1 gâteau)	134	1	7,5	15
– Cookies (1 biscuit)	93	1,2	4,5	11,9
– Craquelin (1 biscuit)	105	2	5	13
– Croquant (1 biscuit)	227	4	11	28
– Croquet (1 biscuit)	105	3	5	12
– Gaufrettes	368	5	4	78
– Gaufrettes fourrées	523	5	23	74
– Goûters	433	9	17	61
– Langues-de-chat	360	8	8	64
– Macarons (1 biscuit)	120	1,8	4	20
– Petits-beurre	431	8	11	75
– 1 petit-beurre	35	0,6	0,7	6,5
– Petits-fours	360	8	8	64
– Sablés	488	7,5	20	69,5
Bison	148	28	4	–
Bisque de homard	86	2,5	4	10
Bisque de langoustine	99	3,5	5	10
Bitters	52	–	–	13
Blanc de dinde	108	21	22	1,5
Blanc d'œuf de poule	45	10,3	0,1	1
– 1 blanc d'œuf	20	5	–	–

Pour 100 g ou 100 ml	Calories	Protides	Lipides	Glucides
Blanc de poulet	**108**	21	22	1,5
Blanquette de veau	**142**	7,3	6	14,6
Blé :				
– Blé concassé (cru)	**342**	13	2,5	67
– Blé concassé cuit	**96**	3,7	0,3	19,5
– Blé soufflé	**385**	14,5	1,3	79
– Blé soufflé sucré	**400**	8	2	87,5
– Boulghour (cru)	**342**	13	2,5	67
– Boulghour cuit	**96**	3,7	0,3	19,5
– Épeautre	**342**	13	2,5	67
– Farine blanche de blé	**363**	10	1	78,5
– Farine de blé complet	**340**	11,5	2	69
– Froment	**342**	13	2,5	67
– Germes de blé	**330**	26	10	34
– Grains de blé	**342**	13	2,5	67
– Gruau de Paris	**342**	13	2,5	67
– Pilpil de blé (cru)	**342**	13	2,5	67
– Pilpil de blé cuit	**96**	3,7	0,3	19,5
– Semoule de blé	**363**	10	1	78,5
– Taboulé	**142**	4	5,5	19
Blé noir (sarrasin) :				
– Farine de sarrasin	**323**	10,5	2,3	65
– Grains de sarrasin	**304**	10,5	2	61
– Kacha (ou casha) cuite	**110**	3,5	0,2	23,5
Blé de Guinée (sorgho)	**339**	10	3,5	70

Pour 100 g ou 100 ml	Calories	Protides	Lipides	Glucides
Blé d'Inde (maïs)	356	10	4	70
Blé de Turquie (maïs)	356	10	4	70
Blended scotch whisky	224	–	–	–
– 1 verre de 4 cl	90	–	–	–
Blette (bette ou poirée)	24	2	0,2	3,5
Bleuets (baies)	52	0,6	0,5	11,3
Bleus (fromages)	340	20	29	–
Blinis	305	7,5	15	35
– 1 blini de 60 g	183	4,5	9	21
– 1 mini-blini de 9 g	28	0,7	1,4	3,1
Bœuf :				
– Viande (en moyenne)	180	20	11	–
– Aiguillette de bœuf	148	28	4	–
– Aloyau de bœuf	180	20	11	–
– Araignée de bœuf	148	28	4	–
– Barde de lard bovin	670	10	70	–
– Basses-côtes	257	17	21	–
– Bavette de bœuf	148	28	4	–
– Bifteck de bœuf	148	28	4	–
– Bœuf à bourguignon	201	30	9	–
– Bœuf à pot-au-feu	201	30	9	–
– Bœuf haché 5 % MG	129	21	5	–
– Bœuf haché 10 % MG	168	19,5	10	–
– Bœuf haché 15 % MG	207	18	15	–
– Bœuf haché 20 % MG	250	17,5	20	–

Pour 100 g ou 100 ml	Calories	Protides	Lipides	Glucides
– Cervelle de bœuf	130	10	9	2
– Châteaubriant	148	28	4	–
– Cœur de bœuf	104	17	4	–
– Corned-beef	275	25	25	–
– Côte de bœuf	257	17	21	–
– Dessous de tranche	180	20	11	–
– Dessus de palette	180	20	11	–
– Entrecôte de bœuf	180	20	11	–
– Épaule de bœuf	180	20	11	–
– Faux-filet de bœuf	180	20	11	–
– Filet de bœuf	180	20	11	–
– Flanchet de bœuf	195	19,5	13	–
– Foie de bœuf	134	21	4	3,5
– Foie de génisse	134	21	4	3,5
– Gîte-gîte de bœuf	240	28,5	14	–
– Gîte-noix de bœuf	180	20	11	–
– Graisse de bœuf	771	1,5	85	–
– Hampe de bœuf	148	28	4	–
– Jarret de bœuf	240	28,5	14	–
– Joue de bœuf	201	30	9	–
– Jumeau à bifteck	148	28	4	–
– Jumeau à pot-au-feu	201	30	9	–
– Langue de bœuf	200	16	15	–
– Lard de bœuf	670	10	70	–
– Macreuse à bifteck	148	28	4	–

Pour 100 g ou 100 ml	Calories	Protides	Lipides	Glucides
– **Macreuse à braiser**	**242**	20	18	–
– Merlan de bœuf	**148**	28	4	–
– Mouvant de bœuf	**180**	20	11	–
– Museau de bœuf	**201**	16	15	0,5
– Nerveux de gîte	**180**	20	11	–
– Onglet de bœuf	**148**	28	4	–
– Paleron de bœuf	**180**	20	11	–
– Persillé de bœuf	**180**	20	11	–
– **Plat de côte de bœuf**	**257**	17	21	–
– Plat de tranche	**180**	20	11	–
– Poire de bœuf	**148**	28	4	–
– Poitrine de bœuf	**180**	20	11	–
– Queue de bœuf	**202**	28	10	–
– Rognons de bœuf	**125**	15	7	–
– Rond de gîte de bœuf	**180**	20	11	–
– Rond de tranche	**180**	20	11	–
– Rosbif ou Roastbeef	**148**	28	4	–
– Rôti de bœuf	**148**	28	4	–
– Rumsteck de bœuf	**180**	20	11	–
– Steak de bœuf	**148**	28	4	–
– **Suif de bœuf**	**891**	–	99	–
– T-bone	**180**	20	11	–
– Tende-de-tranche	**180**	20	11	–
– Tendron de bœuf	**240**	28,5	14	–
– Tournedos de bœuf	**180**	20	11	–

Pour 100 g ou 100 ml	Calories	Protides	Lipides	Glucides
– Tripes de bœuf	96	17	3	0,3
– Veine maigre de bœuf	180	20	11	–
– Viande séchée (bœuf)	246	39	10	–
Bogue	77	17	1	–
Bok-choy	12	1	–	2
Bolets	32	4	0,2	3,4
Bonbel	335	22	27,5	–
– 1 Bonbel (200 g)	670	44	55	–
– 1 Mini-Bonbel (25 g)	84	5,5	6,9	–
Bonbons	380	–	–	95
– 1 bonbon (moyenne)	20	–	–	5
Bondelle	103	20	2,5	–
Bondon	320	26	24	–
Bonites :				
– A dos rayé (pélamide)	109	25	1	–
– A ventre rayé (listao)	109	25	1	–
Borasse (palmier) :				
– Chou palmiste	47	3	0,3	8
– Cœur de palmier	47	3	0,3	8
– Fécule de palmier	346	10	2	72
– Sagou (fécule)	346	10	2	72
– Vin de palme	100	–	–	–
Boucauts (crevettes)	98	21	1,5	–
Bouchées à la reine	261	7	17	20
– 1 bouchée à la reine	392	10,5	25,5	30

Pour 100 g ou 100 ml	Calories	Protides	Lipides	Glucides
Bouchées au chocolat	577	3	45	40
Boudin antillais	324	11	30	2,5
Boudin blanc	181	10	13	6
Boudin noir	324	11	30	2,5
Boudoirs	372	7,5	4	76,5
– 1 Boudoir	22	0,4	0,2	4,6
Bouffi (hareng fumé)	214	23	13,5	–
Bougon	210	11	18	1
Bouillons (250 ml) :				
– Bouillon de bœuf	64	5	1,5	7,5
– Bouillon de légumes	45	1,2	–	10
– Bouillon de volaille	54	2,5	0,5	10
Boukha ou Boukhra	202	–	–	–
Boulette d'Avesnes	332	20	28	–
Boulette de Cambrai	332	20	28	–
Boulghour ou Bulghour	342	13	2,5	67
– Boulghour cuit	96	3,7	0,3	19,5
– Taboulé	142	4	5,5	19
Bouquet garni	0	–	–	–
Bouquets (crevettes)	98	21	1,5	–
Bouquin (lièvre mâle)	130	28	2	–
Bourbon	240	–	–	–
– 1 verre de 4 cl	96	–	–	–
Bourgeois (vivaneau)	77	17	1	–
Bourgeons de bananier	47	3	0,3	8

Pour 100 g ou 100 ml	Calories	Protides	Lipides	Glucides
Bourguignon cuit (bœuf)	170	13	10	7
Bourrache (infusion)	0	–	–	–
Boursault	391	9	39	1
Boursin	414	7	42	2
Boutargue (poutargue)	253	25	17	–
Boutefas	366	22	30	2
Boutons de rose	0	–	–	–
Bouton-de-culotte	463	28	39	–
Bouzigues (huîtres)	80	10	2	5
– 12 huîtres	110	13	3	7,5
Brandade de morue	170	8,5	10,5	10,5
Brandy	240	–	–	–
Brèdes	18	2,2	–	2
Brelins (bigorneaux)	100	20	2,3	–
Brème	77	17	1	–
Bretzel (1 bretzel)	82	2,4	3,3	10,6
Brick (fromage)	401	26	33	–
Bricquebec	290	23	22	–
Brie	330	20,5	27,5	–
Brik (crêpe tunisienne)	345	10	0,5	75
Brillat-Savarin	396	9	40	–
Brioche	411	10	23	41
Brioche au saucisson	338	11	22	24
Brique du Forez	235	15	19	1
Brocard (chevreuil)	120	22	3,5	–

Pour 100 g ou 100 ml	Calories	Protides	Lipides	Glucides
Broccio frais	80	4,7	6,1	1,5
– Broccio sec	251	22	17	2,5
Brochet	95	21,5	1	–
Brocolis	26	3	0,3	
Brocolis chinois	12	1	–	23
Broodkaas	321	24	25	–
Brosme	79	18	0,5	–
Brousse	96	4,5	8	1,5
Brownies	463	5	23	59
– 1 Brownie	347	3,7	17,2	44,3
Brugnon et Nectarine	54	1	–	12,5
– 1 brugnon	40	0,7	–	9,3
Buccin (bulot ou ran)	90	17	2	1
Bûche de Noël glacée	188	4	7,5	26
Buckling (hareng fumé)	214	23	13,5	–
Buffle (viande)	180	20	11	–
– Lait de bufflone	118	5,5	9	4
– Mozzarella di bufala	322	22	26	
Bulot (buccin ou ran)	90	17	2	1
Buns	400	6	4	85
Cabécou	324	18	28	–
Cabillaud	79	18	0,5	–
– Œufs de cabillaud	253	25	17	–
– Tarama	544	8,5	54	6

Pour 100 g ou 100 ml	Calories	Protides	Lipides	Glucides
Cabrales	341	20	29	–
Cabri	160	19	9,5	–
Cacahuète (arachide) :				
– Cacahuètes	588	26	50	8,5
– 10 cacahuètes	33	1,5	2,7	0,5
– Beurre de cacahuète	610	27	50	13
– Huile d'arachide	900	–	99,9	–
– Pâte d'arachide	610	27	50	13
Cacao :				
– Beurre de cacao	886	–	98	1
– Poudre de cacao	331	19	23	12
– Poudre chocolatée	380	6	3,5	81
– Lait au cacao (100 ml)	86	3,6	3,6	9,8
Cachat	80	5	6	1,5
Cachiman (anone)	53	1,3	0,2	11,4
Cachous	380	–	–	95
Caciocavallo	401	26	33	–
Cactus (fruits) :				
– Figue de barbarie	50	0,8	0,3	10,8
– Pitahaya ou Pitaya	56	1,4	0,4	11,8
– Poire de cactus	50	0,8	0,3	10,8
Café (non sucré)	0	–	–	–
Café liégois (115 g)	136	3,4	5,1	19
Cagouilles (escargots)	73	16	1	–
Caille	161	20	9	–

Pour 100 g ou 100 ml	Calories	Protides	Lipides	Glucides
– Œufs de caille	160	13	12	–
– 1 œuf de caille	24	2	1,8	–
Caillebotte	80	5	6	1,5
Caillettes (charcuterie)	227	8,5	21	
Caïmite	144	2,9	4,9	22
Caja-manga	47	0,4	0,1	11
Cake	386	5	14	60
Calalou	12	1	–	2
Calebasse	22	0,6	0,1	4,6
Calissons	415	4	11	75
Calmar ou calamar	83	16	1,1	2,3
Calou (alcool de coco)	224	–	–	–
Calvados	252		–	–
– 1 verre de 4 cl	100	–	–	–
Camembert :				
– à 30 % MG (« allégé »)	200	25	11	–
– à 40 % MG	267	24	19	–
– à 45 % MG	282	21	22	–
– à 50 % MG	314	20	26	–
– à 60 % MG	365	17	33	–
Camomille (infusion)	0	–	–	–
Campari	140	–	-	12
Campellinis (crus)	355	12,5	1	74
– Campellinis cuits	110	3,5	0,2	23,5
Canadian whisky	224	–	–	–

Pour 100 g ou 100 ml	Calories	Protides	Lipides	Glucides
– 1 verre de 4 cl	90	–	–	–
Canard et cane :				
– Canard d'élevage	170	20	10	–
– Canard sauvage	124	22	4	–
– Colvert	124	22	4	–
– Confit de canard	355	14	33	0,5
– Foie de canard	135	19	6,3	0,7
– Foie gras de canard	460	7-10	44-50	2-3
– Graisse de canard	896	–	99,5	–
– Magret de canard	170	20	10	–
– Mulard	170	20	10	–
– Œufs de cane	191	13	15	1
– 1 œuf de cane	104	7	8,2	0,5
Cancales (huîtres)	80	10	2	5
– 12 huîtres	110	13	3	7,5
Cancoillotte	105	16	4,1	1
Candi (sucre candi)	400	–	–	100
Canne à sucre :				
– Jus de canne à sucre	73	0,5	0,1	17,5
– Moelle de canne	73	0,5	0,1	17,5
– Rhum	235-308	–	–	–
– Sucre de canne	384	–	–	96
– Tafia	252	–	–	–
Canneberges	52	0,6	0,5	11,3
– Jus de canneberges	64	–	–	16

Pour 100 g ou 100 ml	Calories	Protides	Lipides	Glucides
Cannelle	0	–	–	–
Cannellonis à la viande	210	12	13,5	10
Canougats	408	1,5	6	87
Cantabria	335	23	27	–
Cantal	366	23	30,5	–
Cantaloup (melon)	36	0,7	0,1	8
Capelan	88	17,5	2	–
Capitaine	79	18	0,5	–
Câpres	12	1	0	2
Capucin (vieux lièvre)	130	28	2	–
Carambole (fruit étoile)	30	0,5	0,3	6,5
Caramel liquide	300	–	–	75
Caramels (bonbons)	408	1,5	6	87
– 1 caramel	25	0,1	0,4	5,2
Caramotes (crevettes)	98	21	1,5	–
Carangue	136	25	4	–
Cardamome	0	–	–	–
Cardine (limande-sole)	78	15	2	–
Cardon (carde)	14	1	0,1	2,3
Cari (curry ou kari)	0	–	–	–
Caribou	120	22	3,5	–
Caricoles (bigorneaux)	100	20	2,3	–
Carotte	32	0,7	0,1	7
– Carottes-vinaigrette	128	1	10	8,5
– Jus de carotte	32	0,7	0,1	7

Pour 100 g ou 100 ml	Calories	Protides	Lipides	Glucides
Carpe d'élevage	150	17	9	–
– Carpe sauvage	117	18	5	–
Carré d'agneau	209	15	16,5	–
Carré de Bray	282	21	22	–
Carré de l'Est	314	21	25,5	–
Carré de porc	211	19	15	–
Carré de veau	175	19	11	–
Carrelet (plie)	94	19	2	–
Carthame (safran bâtard)	0	–	–	–
– Huile de carthame	900	–	99,9	–
Carvi	0	–	–	–
Casha (sarrasin)	304	10,5	2	61
– Casha cuite	110	3,5	0,2	23,5
Cassave (manioc)	154	1	0,2	37
Cassis	40	1	–	9
– Jus de cassis	20	–	–	5
– Crème de cassis	240	–	–	41
Cassonade	386	0,1	0,1	96
Cassoulet	170	10	9	12
Causses (fromage)	410	24	34	2
Castor	212	26	12	–
Cavaillon (melon)	36	0,7	0,1	8
Caviar d'esturgeon	253	25	17	–
Caviar d'aubergines	200	2,5	19	4,5
Cayenne (poivre)	0	–	–	–

Pour 100 g ou 100 ml	Calories	Protides	Lipides	Glucides
Cébette	34	1,3	0,2	6,8
Cédrat confit	95	0,5	1	21
Céleri-branche	14	1	–	2,5
Céleri-rave	44	2	0,2	8,5
Céleri rémoulade	274	1,6	29	1,7
Cellulose	0	–	–	–
Cendrés (fromages)	282	21	22	–
Cèpes	32	4	0,2	3,4
Céréales avec gluten :				
– Avoine	333	12	5	60
– Blé	342	13	2,5	67
– Épeautre (blé)	342	13	2,5	67
– Froment (blé tendre)	342	13	2,5	67
– Méteil (blé + seigle)	340	12	2,2	68
– Orge	330	11	2	67
– Seigle	338	11	2	69
Céréales sans gluten :				
– Maïs	356	10	4	70
– Millet ou Petit mil	342	11	4	65
– Riz blanc	370	6,7	0,6	86
– Riz complet	379	7,5	2,8	81
– Sarrasin ou Blé noir	304	10,5	2	61
– Sorgho ou Gros mil	339	10	3,5	70
Céréales (petit-déjeuner) :				
– Céréales au chocolat	405	5	2,7	90

Pour 100 g ou 100 ml	Calories	Protides	Lipides	Glucides
– Céréales au son	280	14	2,7	50
– Céréales sucrées	395	5,5	1,7	90
– Corn-flakes	374	7	0,6	85
– Flocons d'avoine	375	15	6,5	64
– Granulés chocolatés	410	6,5	7	80
– Müesli	408	10	12	65
– Pétales de maïs	374	7	0,6	85
– Riz soufflé	417	6	1	96
Cerf	120	22	3,5	–
Cerfeuil	68	3,5	0,1	11,5
Cerises	77	1	0,5	17
– Jus de cerise	72	1	–	17
– Cherry	196	–	–	28
– Guignolet	196	–	–	28
– Kirsch	264	–	–	–
– Liqueur de cerises	196	–	–	28
Cerises des Antilles	21	0,4	0,3	4,2
Cerises de Chine (litchis)	66	0,9	0,2	15
Cerise douce (tomatillo)	45	1	0,1	10
Cerises du Sénégal	108	1,5	–	25,5
Cerneaux de noix :				
– Cerneaux frais	520	10	51	5
– 10 cerneaux frais	184	3,7	18,7	1,8
– Cerneaux secs	668	14,5	63	11
– 10 cerneaux secs	240	5,2	22,6	4

Pour 100 g ou 100 ml	Calories	Protides	Lipides	Glucides
Cernier (mérou)	141	24	5	–
Cervelas	304	12	28	1
– 2 tranches (20 g)	61	2,4	5,6	0,2
– Cervelas rémoulade	319	7,4	31,5	1,4
Cervelle :				
– Cervelle d'agneau	139	10	10,7	0,5
– Cervelle de bœuf	130	10	9	2
– Cervelle de mouton	120	10	8,5	1
– Cervelle de porc	126	10,5	9	0,7
– Cervelle de veau	120	10	8,6	0,5
Cervelle-des-Canuts	116	7,5	8	3,5
Céteau	73	16	1	–
Chabichou	344	19,5	29,5	–
Chadec (agrume)	42	0,5	–	10
Chadron (oursin)	95	15	2	–
Chair à saucisse	324	13	30	0,5
Chamallows	380	–	–	95
Chambarand	344	23	28	–
Chamois (Isard)	120	22	3,5	–
Champagne (1 flûte) :				
– Brut	80	–	–	1,1
– Demi-sec	90	–	–	1,2
– Doux	110	–	–	2
Champignons	23-34	2,7-4	0,5	1,8-4,6
Champignons de Paris	23	2,7	0,5	1,8

Pour 100 g ou 100 ml	Calories	Protides	Lipides	Glucides
– à la grecque	54	2,1	4,1	2,1
Chanko-nabé	300	20	20	10
Chanterelles	30	2,8	0,2	4,1
Chantilly (crème)	332	2	32	9
Chaource	292	18	24,5	–
Chapelure	385	12,5	4,6	73
– 1 cuillère à soupe	38	1,3	0,4	7,3
Chapon (coq châtré)	230	17	18	–
Chapon (rascasse)	98	20	2	–
Charantais (melon)	36	0,7	0,1	8
Charbonnier (russule)	26	2,5	0,5	3
Charcuteries	220-500	11-26	15-50	1-4,5
Charolais (bœuf)	180	20	11	–
Charolais (fromage)	459	27	39	–
Chartreuse jaune	304	–	–	40
Chartreuse verte	388	–	–	20
Chasselas (raisin)	70	0,5	0,7	15,5
Châtaignes	180	2	3	36,5
Châtaignes d'eau	44	2	0,2	8,5
Châtaignes de mer	95	15	2	–
Châteaubriant de bœuf	148	28	4	–
Chatrou (poulpe)	73	16	1	–
Chaumes	332	19	28,5	–
Chausson-pommes (1)	244	1,6	13	30
Chavignol (crottins)	368	20	32	–

Pour 100 g ou 100 ml	Calories	Protides	Lipides	Glucides
Chauve-souris	152	20	8	–
Chayote (christophine)	14	0,5	–	3
Cheddar	405	26	33,5	–
Cheese burger	310	16	14	30
– Double Cheese burger	400	24	20,5	30
Chérimole (anone)	62	1,3	0,4	13,3
Cherry	196	–	–	28
Chester ou Cheshire	400	29	30	2
Cheval	130	22	4,6	–
Chevesne ou chevaine	85	18	1,5	–
Chèvre (fromages) :				
– Chèvre frais	80	4,7	6,1	1,5
– Chèvre à pâte molle	206	11,1	17,5	1,2
– Chèvre demi-sec	327	18,3	28,2	0,1
– Chèvre sec	466	27,5	39,5	–
Chèvre (lait de chèvre)	66	3,5	3,8	4,5
Chèvre (viande)	160	19	9,5	–
Chevret (fromage)	201	11	17	1
Chevrettes (crevettes)	98	21	1,5	–
Chevreuil :				
– Brocard (mâle adulte)	120	22	3,5	–
– Chevrette (femelle)	120	22	3,5	–
– Chevrillard (≤ 18 mois)	120	22	3,5	–
Chevrotin (fromage)	324	18	28	–
Chevroton (fromage)	80	5	6	1,5

Pour 100 g ou 100 ml	Calories	Protides	Lipides	Glucides
Chewing-gum	154	–	–	38,5
– 1 tablette	4	–	–	1
Chibt (aneth)	0	–	–	–
Chicon (endive)	16	1	–	3
Chicorée (salade)	15	1	0,3	2
Chicorée (boisson)	0	–	–	–
Chien-de-mer (requin)	105	24	1	–
Chili con carne	153	10	5	17
Chimay (fromage)	401	26	33	–
Chinchard (saurel)	121	19	5	–
Chipeau (canard)	124	22	4	–
Chipiron (calmar)	83	16	1,1	2,3
Chipolatas	328	14	30	0,6
– 1 chipolata	328	14	30	0,6
Chips	582	5,5	40	50
– 10 chips	105	1	6,9	10
Chocolat :				
– Chocolat à croquer	550	5	30	65
– Chocolat à pâtisser	525	6	32,5	52
– Chocolat à tartiner	528	7,5	30	57
– Chocolat au lait	560	8	32	60
– Chocolat au lait et riz	531	6,6	28,5	62
– Chocolat lait/noisette	573	10	41	41
– Chocolat blanc	551	7,4	32,5	57
– Chocolat de ménage	557	4,5	35	56

Pour 100 g ou 100 ml	Calories	Protides	Lipides	Glucides
– Chocolat noir	552	7,8	40	40
– Crème au chocolat	132	4	4	20
– Lait chocolaté (100 ml)	86	3,6	3,6	9,8
– Mousse au chocolat	232	6	12	25
– Poudre chocolatée	398	6	6	80
– Rocher au chocolat	167	2,2	11,5	14
– Truffes au chocolat	577	3	45	40
Chocolat liégois (115 g)	174	2,6	7,4	18,6
Chop Suey (sauce)	350	12	7,8	58
Chorizo	499	20	45	3,5
Choux :				
– Chou blanc	26	1,5	–	5
– Chou brocoli	26	3	0,3	3
– Chou cabus	26	1,5	–	5
– Choux chinois	12	1	–	2
– Chou de Bruxelles	32	2,5	0,2	5
– Chou farci	139	8,5	11	1,5
– Chou-fleur	20	2	0,2	2,5
– Chou des marécages	44	2	0,2	8,5
– Chou maritime	22	1,5	0,2	3,5
– Chou-navet (rutabaga)	34	1,2	–	7
– Chou palmiste	47	3	0,3	8
– Chou pommé	26	1,5	–	5
– Chou-rave	40	1	–	9
– Chou rouge	26	1,5	–	5

Pour 100 g ou 100 ml	Calories	Protides	Lipides	Glucides
– Chou vert	26	1,5	–	5
Chou caraïbe	195	2,5	0,5	45
Chou dur (malanga)	195	2,5	0,5	45
Chouchen	84	–	–	–
Chouchine (taro)	195	2,5	0,5	45
Chouchou (chayotte)	14	0,5	–	3
Choucroute (chou seul)	30	1,5	0,3	5,5
– Choucroute garnie	165	7	13	5
Chouquettes	436	10	24	45
Chow-chow (chayote)	14	0,5	–	3
Choy-sam	12	1	–	2
Chritmum (criste-marine)	26	2	0,2	4
Christophine (chayote)	14	0,5	–	3
Chutneys (1 c. à soupe)	40	0,5	–	9,5
Ciboule (cive)	25	3	0,6	2
Ciboulette (civette)	25	3	0,6	2
Cidre brut	32	–	–	2,5
Cidre doux	36	–	–	6
Cigale de mer	90	17	2	–
Cigarettes (biscuits)	360	8	8	64
Cilantros (persil chinois)	28	4,4	0,5	1,4
Cinq-épices	0	–	–	–
Cinzano	140	–	–	14
– 1 verre de 4 cl	56	–	–	5,6
Cirique (crabe)	99	20	1,6	1

Pour 100 g ou 100 ml	Calories	Protides	Lipides	Glucides
Cîteaux (fromage)	290	23	22	–
Citrons jaunes	28	0,5	–	6,5
– Jus de citron jaune	26	–	–	6,5
Citron vert (lime)	22	0,5	–	5
– Jus de citron vert	20	–	–	5
Citronnelle	0	–	–	–
Citronnelle d'Asie	61	2	1,5	10
Citrouille	31	1,3	0,2	6
Cive (ciboule)	25	3	0,6	2
Civelles (pibales)	206	20	14	–
Civette (ciboulette)	25	3	0,6	2
Clafoutis	270	9	5	48
Clams	82	10	2	6
Claquebitou	80	5	6	1,5
Clavaires	30	2,8	0,2	4,1
Clémentines	46	0,5	–	11
– 1 clémentine (70 g)	32	0,3	–	7,7
Clémenvillas	46	0,5	–	11
– 1 clémenvilla (140 g)	65	0,7	–	15,4
Clitocybes	30	2,8	0,2	4,1
Clous de girofle	0	–	–	–
Clovisses (palourdes)	53	11	1	–
– 12 clovisses	64	13,2	1,2	–
Coca-Cola	42	–	–	10,5
– 1 canette de 33 cl	138	–	–	34,5

Pour 100 g ou 100 ml	Calories	Protides	Lipides	Glucides
Coca-Cola light	0,3	–	–	< 0,1
– 1 canette de 33 cl	1	–	–	0,25
Cochon de lait	260	20	20	–
Cocktails alcoolisés	100-250	–	–	0-15
Cocos plats (haricots)	26	2	0,2	4
Cocos secs (haricots)	276	21	1,3	45
– Cocos secs cuits	100	6	0,5	18
Cocotier (noix fraîche)	352	3,2	36	3,7
– Eau de noix de coco	24	0,3	0,3	5
– Noix de coco sèche	606	5,6	62	6,4
– Lait de noix de coco	209	2	21	3
– Huile de coprah	900	–	99,9	–
– Calou (alcool)	224	–	–	–
– Toddy (alcool)	224	–	–	–
Cœur (abat) :				
– Cœur d'agneau	157	17	9,5	1
– Cœur de bœuf	104	17	4	–
– Cœur de génisse	104	17	4	–
– Cœur de mouton	157	17	9,5	1
– Cœur de porc	113	17	5	–
– Cœur de veau	127	15	7	1
– Cœur de volailles	109	16	5	–
Cœur d'Arras	332	20	28	–
Cœur d'artichaut	40	2	–	7,5
Cœur-de-bœuf (anone)	53	1,3	0,2	11,4

Pour 100 g ou 100 ml	Calories	Protides	Lipides	Glucides
Cœur de Bray	305	20	25	–
Cœur de Neufchâtel	305	20	25	–
Cœur de palmier	47	3	0,3	8
Cognac	224			
– 1 verre de 4 cl	90	–	–	–
Coing	28	0,3	0,2	6,3
– 1 coing	42	0,4	0,3	9,5
Coing de Chine (kaki)	66	0,7	0,2	15,3
Cointreau	208	–	–	16
Colas	42	–	–	10,5
– 1 canette de 33 cl	138	–	–	34,5
Colas light	0,3	–	–	< 0,1
– 1 canette de 33 cl	1	–	–	0,25
Colin (merlu)	84	17,5	1,5	–
Colinot (merluchon)	84	17,5	1,5	–
Collier ou collet :				
– Collier d'agneau	209	15	16,5	–
– Collier de porc	207	18	15	–
– Collier de veau	175	19	11	–
Colvert (canard sauvage)	124	22	4	
Colbu (épices)	0	–	–	
Colombo (épices)	0	–	–	–
Colza (huile)	900	–	99,9	–
Combava (lime sauvage)	22	0,5	–	5
Compotes de fruits	100	0,5	0,2	24

Pour 100 g ou 100 ml	Calories	Protides	Lipides	Glucides
– Compotes « allégées »	71	0,3	0,2	17
Comté	399	30	31	–
Concentré de tomate	90	3,5	0,5	18
Concombre	12	0,7	0,1	2
Condiments divers :				
– Ail	135	6	0,1	27,5
– Aïoli	710	1,3	78	0,7
– Aïoli allégé	463	2	47	8
– Anchoïade	478	11,2	48	0,2
– Beurre d'anchois	478	11,2	48	0,2
– Chutney (1 c. à soupe)	40	0,5	–	9,5
– Concentré de tomate	90	3,5	0,5	18
– Cornichons	14	0,5	0,2	2,5
– Échalotes	75	1,3	0,2	17
– Genièvre (baies)	0	–	–	–
– Gingembre (racine)	61	2	1,5	10
– Gingembre moulu	322	8,3	5	61
– Huiles	900	–	99,9	–
– Huile de paraffine	0	–	–	–
– Ketchup	120	2	0,4	27
– Ketchup light	78	1	0,1	18,2
– Mayonnaise	710	1,3	78	0,7
– Mayonnaise allégée	395	1	39	11
– Moutarde	134	6	10	5
– Nuoc-Mâm (1 c. à café)	1,2	0,3	–	–

Pour 100 g ou 100 ml	Calories	Protides	Lipides	Glucides
– Oignons	34	1,3	0,2	6,8
– Pâte d'anchois	478	11,2	48	0,2
– Pesto	635	10	63	7
– Picalilli	30	1	0,2	6
– Pickles	25	1	0,1	5
– Pissalat	478	11,2	48	0,2
– Pistou (pâte au basilic)	340	2,5	33,5	7
– Racine de gingembre	61	2	1,5	10
– Raifort	62	4,5	–	11
– Relish (1 c. à soupe)	40	0,5	–	9,5
– Rougail (1 c. à soupe)	40	0,5	–	9,5
– Sauce au soja	60	7	–	8
– Sauce tomate	75	2	4,2	7,2
– Sel	0	–	–	–
– Sucre (saccharose)	400	–	–	100
– Vinaigre	24	0,2	–	0,6
– Vinaigrette	658	0,1	73	0,2
– Vinaigrette allégée	323	0,3	34,3	3,3
– Vinaigrette paraffine	24	0,2	–	0,6
Confiseries	380	1	–	94
Confits (volailles, porc)	355	14	33	0,5
Confitures de fruits	278	0,5	–	69
– 1 cuillère à café	28	–	–	7
– Confitures « allégées »	182	0,5	–	45
– 1 cuillère à café	18	–	–	4,5

Pour 100 g ou 100 ml	Calories	Protides	Lipides	Glucides
Congolais (1 gâteau)	134	1	7,5	15
Congre (anguille de mer)	115	22	3	–
Cookies (1 biscuit)	93	1,2	4,5	11,9
Coppa	290	27	20	0,5
Coprah (huile)	900	–	99,9	–
Coprins	26	2,5	0,5	3
Coq et coquelet	170	20	10	–
– Chapon (coq châtré)	230	17	18	–
Coq de bruyère (tétras)	115	25	1,5	–
Coqueret du Pérou	45	1	0,1	10
Coques	47	10	0,5	1
Coquillages :				
– Abalone (ormeau)	92	17	2	1,5
– Amandes de mer	82	10	2	6
– Arcachon (huîtres)	80	10	2	5
– Belons (huîtres)	80	10	2	5
– Bernique (patelle)	92	17	2	1,5
– Bigorneaux	100	20	2,3	–
– Bouzigues (huîtres)	80	10	2	5
– Buccin (bulot ou ran)	90	17	2	1
– Bulot (buccin ou ran)	90	17	2	1
– Clams	82	10	2	6
– Clovisses (palourdes)	53	11	1	–
– Coques	47	10	0,5	1
– Coquilles St-Jacques	74	15	0,5	3,5

Pour 100 g ou 100 ml	Calories	Protides	Lipides	Glucides
– Couteaux	55	11	0,5	2
– Donax (olive de mer)	72	12	1,7	2,2
– Fines de claires	80	10	2	5
– Flion (olive de mer)	72	12	1,7	2,2
– Gravettes (huîtres)	80	10	2	5
– Haliotide (ormeau)	92	17	2	1,5
– Huîtres	80	10	2	5
– Lambi (strombe)	90	17	2	1
– Marennes (huîtres)	80	10	2	5
– Moules	72	12	1,7	2,2
– Mye	53	11	1	–
– Olive de mer (donax)	72	12	1,7	2,2
– Oreille-de-mer (ormeau)	92	17	2	1,5
– Ormeau (haliotide)	92	17	2	1,5
– Palourdes (clovisses)	53	11	1	–
– Patelle (bernique)	92	17	2	1,5
– Pétoncle (vanneau)	70	15	0,3	3
– Praires	47	10	0,5	1
– Ran (buccin ou bulot)	90	17	2	1
– Spéciales de claires	80	10	2	5
– Strombe (lambi)	90	17	2	1
– Tec-tec	72	12	1,7	2,2
– Vanneau (pétoncle)	70	15	0,3	3
– Vénus	53	11	1	–
– Vernis	82	10	2	6

Pour 100 g ou 100 ml	Calories	Protides	Lipides	Glucides
– Vignots (bigorneaux)	100	20	2,3	–
Coquillettes (crues)	355	12,5	1	74
– Coquillettes cuites	110	3,5	0,2	23,5
Corégone	103	20	2,5	–
Coriandre (persil chinois)	28	4,4	0,5	1,4
Corme ou Sorbe	50	0,4	–	12,2
Corn-flakes	374	7	0,6	85
Corne à sel (salicorne)	26	2	0,2	4
Corned-beef	275	25	25	–
Cornet de glace (1)	225	4	9	31
Cornichons	14	0,5	0,2	2,5
Cornilles	276	21	1,3	45
Corossol (anone)	53	1,3	0,2	11,4
– 1 Corossol de 500 g	263	6,5	1	57
Côtes ou côtelettes :				
– Côte d'agneau	209	15	16,5	–
– Côte de bœuf	257	17	21	–
– Côte de mouton	225	18	17	–
– Côte de porc	211	19	15	–
– Côte de veau	175	19	11	–
Coton (huile de coton)	900	–	99,9	–
Cottage cheese	100	8	6	3,5
Couenne	435	30	35	–
Coulemelles (lépiotes)	26	2,5	0,5	3
Coulommiers	309	21	25	–

Pour 100 g ou 100 ml	Calories	Protides	Lipides	Glucides
Courbine	111	19	3,9	–
Courges	22	0,6	0,1	4,6
Courgettes	22	0,6	0,1	4,6
Courgettes africaines	22	0,6	0,1	4,6
Couscous :				
– Semoule (crue)	358	13	2	72
– Semoule cuite	110	3,5	0,2	23,5
– Couscous garni cuit	160	9	6	17,5
Couteaux	55	11	0,5	2
Crabes	99	20	1,6	1
Crakers	360	10	1,4	77
– 1 Craker de 8 g	29	0,8	0,1	6,2
Crambe (chou maritime)	22	1,5	0,2	3,5
Cranberries (baies)	52	0,6	0,5	11,3
– Jus de cranberries	64	–	–	16
Craquantes (laitues)	15	1	0,3	2
Craquelin (biscuit)	105	2	5	13
Craquelot (hareng fumé)	214	23	13,5	–
Craterelles	26	2,5	0,5	3
Crème fraîche :				
– épaisse	320	2,3	33,3	3
– liquide	331	2,2	34,1	4
– « allégée ou légère »	204	3	20	3
Crème Chantilly	332	2	32	9
Crème anglaise	126	5	6	13

Pour 100 g ou 100 ml	Calories	Protides	Lipides	Glucides
Crème au beurre	230	0,5	20	12
Crème au caramel	128	5	3,5	19
Crème au chocolat	132	4	4	20
Crème à la vanille	111	3	3	18
Crème brûlée	337	3,5	29	15,5
Crème de gruyère	284	16,8	22,8	2,8
Crème de marrons	298	2	1,2	70
Crème pâtissière	166	5	6	23
Crème renversée	102	3	2	18
Crèmes glacées	188	4	7,5	26
Crèmes (liqueurs) :				
– Crème de cacao	250	–	–	40
– Crème de cassis	280	–	–	40
– Crème de menthe	250	–	–	40
Crèmes (soupes : 250 ml) :				
– Crème d'asperges	97	3,2	4	12
– Crème de champignon	113	1,6	6,7	11,4
– Crème de tomates	82	1,4	2,2	14,2
– Crème de volailles	58	2,2	1,5	8,9
Crémet d'Anjou	414	7	42	2
Crêpes :				
– Pâte à crêpes	188	7	8	22
– 1 crêpe nature	65	2,4	2,8	7,6
– 1 crêpe à la confiture	115	2,4	2,8	20
– 1 crêpe-champignons	74	2,4	1,3	13

Pour 100 g ou 100 ml	Calories	Protides	Lipides	Glucides
– 1 crêpe au fromage	94	4,5	4	10
– 1 au jambon-fromage	85	4	3,2	10
– 1 aux fruits de mer	80	3,3	3,3	9
– 1 crêpe aux œufs	94	4,5	4	10
Crêpes mexicaines	225	18	9,5	17
Crêpes orientales	345	10	0,5	75
Crépinettes	324	13	30	0,5
– 1 Crépinette (130 g)	421	17	39	0,6
Cresson	18	2,2	–	2
Cretons	438	15	42	0,1
Crevettes	98	21	1,5	–
Cribiches	98	21	1,5	–
Criste-marine (chritmum)	26	2	0,2	4
Croissants :				
– 1 croissant ordinaire	170	3	7	24
– 1 croissant au beurre	190	3	9	24
– 1 croissant-amandes	409	8	25	38
– 1 croissant-jambon	306	11	18	25
Croque-Monsieur	295	14,5	16,5	22
– 1 Croque-Monsieur	428	21	24	32
Croquant (1 biscuit)	227	4	11	28
Croquet (1 biscuit)	105	3	5	12
Crosnes	75	2,6	–	16
Crottins de Chavignol	368	20	32	–
– 1 fromage Crottin	184	10	16	–

Pour 100 g ou 100 ml	Calories	Protides	Lipides	Glucides
Crustacés :				
– Alphée (écrevisse)	72	16	0,5	1
– Araignée de mer (maïa)	99	20	1,6	1
– Bouquets (crevettes)	98	21	1,5	–
– Chevrettes (crevettes)	98	21	1,5	–
– Cigale de mer	90	17	2	–
– Crabes	99	20	1,6	1
– Crevettes	98	21	1,5	–
– Cynthia (violet)	95	15	2	–
– Dormeur (crabe)	99	20	1,6	1
– Écrevisses	72	16	0,5	1
– Enragé (crabe vert)	99	20	1,6	1
– Étrille (crabe)	99	20	1,6	1
– Figue de mer (violet)	95	15	2	–
– Homard	90	19,2	1,1	0,7
– Langouste	90	17	2	–
– Langoustines	90	17	2	–
– Maïa (araignée de mer)	99	20	1,6	1
– Oursin	95	15	2	–
– Pouce-pied	73	16	0,5	1
– Tourteau (crabe)	99	20	1,6	1
– Violet (cynthia)	95	15	2	–
Cu-san	44	1,6	0,1	9
Cuisses de grenouille	69	16,5	0,3	–
Cuissot (cerf, chevreuil)	120	22	3,5	–

Pour 100 g ou 100 ml	Calories	Protides	Lipides	Glucides
Cumin	0	–	–	–
Cumin unga (carambole)	30	0,5	0,3	6,5
Curaçao	288	–	–	30
Curcuma	0	–	–	–
Curé nantais (fromage)	335	23	27	–
Curry (cari ou kari)	0	–	–	–
Curubu (taxo)	55	2,5	1,2	8,5
Cyclamates	0	–	–	–
Cycloptère (lump: œufs)	118	13	6	3
Cynorrhodon (baies)	116	4	–	25
Cynthia (violet)	95	15	2	–
Dachine (chou caraïbe)	195	2,5	0,5	45
Daguet	120	20	4	1
Daïkon (radis oriental)	58	2,8	0,3	11
– 1 Daïkon de 200 g	116	5,6	0,6	22
Daim	120	20	4	1
Danablu	341	20	29	–
Dattes :				
– Dattes fraîches	120	1,5	0,5	27
– 1 datte fraîche	12	0,1	0,05	2,7
– Dattes sèches	295	2,5	0,5	70
– 1 datte sèche	30	0,2	0,05	7
Dauphin (fromage)	332	20	28	–
Daurade (dorade royale)	77	17	1	–

Pour 100 g ou 100 ml	Calories	Protides	Lipides	Glucides
Demi-sel à 40 % MG	192	15	13,3	3
– 1 carré de 25 g	48	3,8	3,3	0,75
Dente (dorade)	77	17	1	–
Derby	339	23	27	1
Dessert (yaourt) au soja	45-90	3-3,9	2-2,5	4-13
Diable de mer (baudroie)	79	18	1	–
Digestifs :				
– 1 Armagnac (4 cl)	90	–	–	–
– 1 Calvados (4 cl)	100	–	–	–
– 1 Cognac (4 cl)	90	–	–	–
– 1 Eau de vie (4 cl)	90-124	–	–	–
– 1 Liqueur (4 cl)	105	–	–	16
– 1 Vodka (4 cl)	100	–	–	–
Dinde :				
– Viande avec la peau	170	20	10	–
– Viande sans la peau	124	22	4	–
– Blanc de dinde	108	21	22	1,5
– Émincé de dinde	124	22	4	–
– Escalope de dinde	124	22	4	–
– Filet de dindonneau	124	22	4	–
– Foie de dinde	135	19	6,3	0,7
– Œufs de dinde	173	13	13	1
Diots	323	14	29	1,5
Dolique asperge	60	5	0,4	9
Dolique mongette	276	21	1,3	45

Pour 100 g ou 100 ml	Calories	Protides	Lipides	Glucides
Dolmas	211	1,5	13	22
– 1 dolmas	70	0,4	4,3	7,4
Donax (olive de mer)	72	12	1,7	2,2
Dorades	77	17	1	–
Dormeur (crabe)	99	20	1,6	1
Double Cheese burger	400	24	20,5	30
Doucette (mâche)	20	2	0,4	2
Dragées	560	15	36	44
– 1 dragée	25	0,7	1,8	1,3
Durion ou dourian	133	2,4	2	26,3
Eau potable	0	–	–	–
Eaux de source	0	–	–	–
Eaux de table	0	–	–	–
Eaux minérales gazeuses	0	–	–	–
Eaux minérales plates	0	–	–	–
Eau de fleurs d'oranger	0	–	–	–
Eau de noix de coco	24	0,3	0,3	5
Eau de rose	0	–	–	–
Eaux-de-vie (alcool)	224-308	–	–	–
– 1 verre de 4 cl	90-124	–	–	–
Échalotes	75	1,3	0,2	17
Échine de porc	257	17	21	–
Échourgnac	335	23	27	–
Éclair (1 gâteau)	250	6	11	32

Pour 100 g ou 100 ml	Calories	Protides	Lipides	Glucides
Écrevisses	72	16	0,5	1
Édam	330	25	25,5	–
Édulcorants (faux sucres)	0	–	–	–
Églefin (aiglefin)	71	17	0,3	–
– Églefin fumé (haddock)	101	23	1	–
Élan	120	20	4	1
Elingue (lingue bleue)	86	17	2	–
Émincé de dinde	124	22	4	–
Émissole (requin)	105	24	1	–
Emmental	378	29,5	29	–
Empereur (hoplostète)	122	17	6	–
Encornet (calmar)	83	16	1,1	2,3
Endive	16	1	–	3
Enragé (crabe vert)	99	20	1,6	1
Entrecôte de bœuf	180	20	11	–
Entrecôte de cheval	110	21	2	1
Épaule :				
– Épaule d'agneau	289	16	25	–
– Épaule d'agneau maigre	193	19	13	–
– Épaule de bœuf	180	20	11	–
– Épaule de mouton	289	16	25	–
– Épaule de porc	211	19	15	–
– Épaule de veau	175	19	11	–
Épeautre (blé)	342	13	2,5	67
Éperlan	88	17,5	2	–

Pour 100 g ou 100 ml	Calories	Protides	Lipides	Glucides
Epices :				
– Bharat	0	–	–	–
– Cannelle	0	–	–	–
– Cari (curry ou kari)	0	–	–	–
– Carthame	0	–	–	–
– Cayenne (poivre)	0	–	–	–
– Cinq-épices	0	–	–	–
– Clous de girofle	0	–	–	–
– Colbu	0	–	–	–
– Colombo	0	–	–	–
– Cumin	0	–	–	–
– Curcuma	0	–	–	–
– Curry (cari ou kari)	0	–	–	–
– Girofle (clous)	0	–	–	–
– Harissa	0	–	–	–
– Kari (cari ou curry)	0	–	–	–
– Macis	0	–	–	–
– Mignonnette (poivre)	0	–	–	–
– Muscade (noix râpée)	0	–	–	–
– Nigelle	0	–	–	–
– Noix de muscade râpée	0	–	–	–
– Paprika	0	–	–	–
– Pili-Pili	0	–	–	–
– Piments	0	–	–	–
– Poivre	0	10	3	38

Pour 100 g ou 100 ml	Calories	Protides	Lipides	Glucides
– Quatre-épices	0	–	–	–
– Ras al-hanout	0	–	–	–
– Safran	0	–	–	–
– Safran bâtard	0	–	–	–
– Safran des Indes	0	–	–	–
– Tabil	0	–	–	–
Épinards	25	2,3	0,3	3,2
Epinards d'eau	25	2,3	0,3	3,2
Epinards chinois	25	2,3	0,3	3,2
Épinoche	79	18	0,3	–
Épis de maïs doux	114	3,4	1,4	22
Époisses	345	21	29	–
Équille (lançon)	79	18	0,3	–
Érable (sirop d'érable)	280	–	–	70
Escalope de dinde	124	22	4	–
Escalope de veau	175	19	11	–
Escargots	73	16	1	–
– Escargots farcis	342	10	33	1,3
– 6 escargots farcis	230	7	22	1
– 12 escargots farcis	460	14	44	2
– Farce pour escargots	472	4,5	50	1
Escargots de mer	100	20	2,3	–
Espadon	116	19	4,5	–
Esquimaux glacés	188	3	7,5	27
– 1 esquimau glacé	225	3,6	9	32,4

Pour 100 g ou 100 ml	Calories	Protides	Lipides	Glucides
Estragon	0	–	–	–
Esturgeon	125	18-20	2-5	–
– Caviar (œufs)	253	25	17	–
Étrille (crabe laineux)	99	20	1,6	1
Explorateur (fromage)	396	9	40	–
Expresso (non sucré)	0	–	–	–
Faînes	376	7	36	6
Faisan	128	23	4	–
Faisselle (fromage frais) :				
– à 0 % MG	46	7,5	–	3,9
– à 20 % MG	80	8,5	3,4	3,6
– à 30 % MG	100	8	6	3,5
– à 40 % MG	116	7,5	8	3,5
Fanfré (baliste)	141	24	5	–
Far breton (1 portion)	245	10	5	40
Farce pour escargots	472	4,5	50	1
Farce pour praires	472	4,5	50	1
Farce pour tomates	384	10	36	5
Farfalles (crues)	355	12,5	1	74
– Farfalles cuites	110	3,5	0,2	23,5
Farigoule (serpolet)	0	–	–	–
Farines :				
– 1 cuillère à soupe	44	1,2	0,1	9,5
– Farine d'avoine	353	12	5	65

Pour 100 g ou 100 ml	Calories	Protides	Lipides	Glucides
– Farine blanche de blé	363	10	1	78,5
– Farine de blé complet	340	11,5	2	69
– Farine de baobab	333	6,6	0,3	76
– Farine de maïs	350	9,5	3,5	70
– Farine de méteil	350	10,5	1,4	73,7
– Farine de néré	316	4,6	1,1	72
– Farine d'orge	352	11,5	2	72
– Farine de palmier	274	2,6	0,4	65
– Farine de riz	347	7,5	0,5	78
– Farine de sarrasin	323	10,5	2,3	65
– Farine de seigle	336	11	1,8	69
– Farine de soja	384	37	20	14
Faux anis (aneth)	0	–	–	–
Faux-filet de bœuf	180	20	11	–
Faux mousserons	26	2,5	0,5	3
Favouille (crabe laineux)	99	20	1,6	1
Fécules :				
– Arrow-root	346	10	2	72
– Fécule d'igname	346	10	2	72
– Fécule de maïs	352	–	–	88
– Fécule de manioc	384	0,5	0,2	95
– Fécule de palmier	346	10	2	72
– Fécule de p. de terre	346	10	2	72
– Maïzena (maïs)	352	–	–	88
– Sagou (palmier)	346	10	2	72

Pour 100 g ou 100 ml	Calories	Protides	Lipides	Glucides
– Tapioca (manioc)	384	0,5	0,2	95
Feijoa (goyave-ananas)	25	1	0,1	5
Fenouil	16	1	0,3	2,4
Fenouil bâtard (aneth)	0	–	–	–
Féra	103	20	2,5	–
Feta	265	17,5	21	1,5
Feuille de chêne (laitue)	15	1	0,3	2
Feuille de Dreux	309	21	25	–
Feuilles de bricks	345	10	0,5	75
Feuilles de laurier-sauce	0	–	–	–
Feuilles de lotus	25	2,3	0,3	3,2
Feuilles de makabo	30	2,2	0,4	4,2
Feuilles de manioc	84	7,3	1,2	11
Feuilles de menthe	0	–	–	–
Feuilles de pourpier	20	1,4	0,2	3
Feuilles de vigne	211	1,5	13	22
– 1 feuille de vigne	70	0,4	4,3	7,4
Fèves fraîches	81	5,5	0,3	14
– Fèves sèches	345	23	1,5	60
– Fèves sèches cuites	52	5,8	–	7,2
Fibres non digestibles :				
– Cellulose	0	–	–	–
– Hémicelluloses	0	–	–	–
– Lignines	0	–	–	–
– Pectines	0	–	–	–

Pour 100 g ou 100 ml	Calories	Protides	Lipides	Glucides
Ficelle de pain blanc	330	10,2	1,2	69,6
Ficelle de pain brioché	320	8,4	3,6	63,6
Figatelli	343	15	31	1
Figues :				
– Figues fraîches	66	1	0,3	15
– 1 figue fraîche	40	0,6	0,2	9
– Figues sèches	250	3	1,2	57
– 1 figue sèche	38	0,4	0,2	8,6
– Eau de vie de figues	202	–	–	–
– Boukha ou Boukhra	202	–	–	–
Figue caque (kaki)	66	0,7	0,2	15,3
Figue de Barbarie	50	0,8	0,3	10,8
Figue de mer (violet)	95	15	2	–
Filfil	0	–	–	–
Filets de poissons :				
– Filets de poisson frais	80-180	14-25	1-16	–
– Filets panés	200	12	8,5	19
– Anchois à l'huile	160	22	8	–
– Anchois salés	205	22	13	–
Filets de viande :				
– Filet de bœuf	180	20	11	–
– Filet de dindonneau	124	22	4	–
– Filet de mouton	225	18	17	–
– Filet mignon de porc	113	21	3,2	–
– Filet de veau	111	21	3	–

Pour 100 g ou 100 ml	Calories	Protides	Lipides	Glucides
Financier (1 gâteau)	220	3	12	25
Fine champagne	224	–	–	–
Fines de claires (huîtres)	80	10	2	5
– 12 huîtres	110	13	3	7,5
Fines herbes	0	–	–	–
Fiore sardo	339	23	27	1
Fistuline hépatique	32	4	0,2	3,4
Flageolets secs (crus)	276	21	1,3	45
– Flageolets cuits	100	6	0,5	18
Flan pâtissier	140	3,5	2	27
Flanchet (bœuf, veau)	195	19,5	13	–
Flet	78	15	2	–
– Flet fumé	123	24	3	–
Flétan (halibut)	117	18	5	–
– Flétan fumé	220	28	12	–
Fleurs de bananier	47	3	0,3	8
Fleurs de courgettes	22	0,6	0,1	4,6
Fleurs de jasmin	0	–	–	–
Fleurs d'oranger (eau)	0	–	–	–
Fleurs de safran	0	–	–	–
Flion (olive de mer)	72	12	1,7	2,2
Floc de Gascogne	120	–	–	–
Flocons d'avoine	390	13,5	7,5	67
– Porridge	157	6,1	4,7	22,6
Flocons de maïs	380	8	1,4	84

Pour 100 g ou 100 ml	Calories	Protides	Lipides	Glucides
Flocons de p. de terre	365	8	1	81
Flûte de champagne :				
– Brut	80	–	–	1,1
– Demi-sec	90	–	–	1,2
– Doux	110	–	–	2
Foie :				
– Foie d'agneau	139	21	5	2,5
– Foie de bœuf	134	21	4	3,5
– Foie de canard	135	19	6,3	0,7
– Foie de dinde	135	19	6,3	0,7
– Foie de génisse	134	21	4	3,5
– Foie de lapin	124	20	3,5	3
– Foie de mouton	132	21	4	3
– Foie de porc	135	21	5	1,5
– Foie de poulet	135	19	6,3	0,7
– Foie de veau	137	19	5	4
– Foie de volailles	135	19	6,3	0,7
Foie gras (canard, oie)	460	7-10	44-50	2-3
Fonds d'artichaut	40	2	–	7,5
Fondant pâtissier	534	7	34	50
Fondant (1 bonbon)	32	–	–	8
Fontainebleau	228	10	20	2
Fontina	335	23	27	–
Fougasse	275	8,5	1	58
Fougeru	309	21	25	–

Pour 100 g ou 100 ml	Calories	Protides	Lipides	Glucides
Foulque	115	25	1,5	–
Fourme d'Ambert	340	20	29	–
Fraise	36	0,7	0,5	7
Framboise	38	1,2	0,6	7
– Jus de framboise	44	–	–	11
– Framboise (eau de vie)	240	–	–	–
Francfort (saucisse)	310	13	28	1,5
– 1 saucisse	77	3,2	7	0,4
Frangipane	460	9	24	52
Friands au fromage	340	7,6	22	28
– 1 friand au fromage	374	8,4	24,2	30,8
Friands à la viande	297	12	21	15
– 1 friand à la viande	327	13	23	17
Fribourg (gruyère)	386	29	30	–
Frisée (salade)	15	1	0,3	2
Frites de « fast food » :	400	5	19	52
– 1 portion de 70 g	280	3,5	13,3	36,4
– 1 portion de 110 g	440	5,5	20,9	57,2
– 1 portion de 135 g	540	6,8	25,7	70,2
Frites « allégées » :	233	4	9	34
– 1 portion de 70 g	163	2,8	6,3	23,8
– 1 portion de 110 g	256	4,4	9,9	37,4
– 1 portion de 135 g	315	5,4	12,2	45,9
Fritons (grattons)	490	17	47	0,1
Friture (huile de friture)	900	–	99,9	–

Pour 100 g ou 100 ml	Calories	Protides	Lipides	Glucides
Fromages affinés :				
– à moisissures	**377**	20	33	–
– à pâte molle	**327**	21	27	–
– à pâte persillée	**377**	20	33	–
– à pâte pressée	**362**	23	30	–
– à pâte pressée cuite	**386**	29	30	–
Fromages de chèvre :				
– Chèvre frais	**80**	4,7	6,1	1,5
– Chèvre à pâte molle	**206**	11,1	17,5	1,2
– Chèvre demi-sec	**327**	18,3	28,2	0,1
– Chèvre sec	**466**	27,5	39,5	–
Fromages fondus :				
– à 25 % MG (« allégé »)	**156**	16,3	8,9	2,8
– à 45 % MG	**284**	16,8	22,8	2,8
– à 65 % MG	**346**	12,5	32	2,1
– à 70 % MG	**342**	7,7	33,5	2,4
Fromage frais ou blanc :				
– à 0 % MG	**46**	7,5	–	3,9
– à 0 % MG aux fruits	**80**	8	–	12
– à 10 % MG	**60**	8,3	1,5	3,4
– à 20 % MG	**80**	8,5	3,4	3,6
– à 30 % MG	**100**	8	6	3,5
– à 40 % MG	**116**	7,5	8	3,5
– à 40 % MG aux fruits	**163**	6,6	7,5	17,4
Fromage de soja (tofu)	**120**	11,5	6,8	3,5

Pour 100 g ou 100 ml	Calories	Protides	Lipides	Glucides
Fromage de tête	201	16	15	0,5
Froment (blé)	342	13	2,5	67
Fructose	400	–	–	100
Fruits :				
– Fruits frais	20-100	–	–	5-25
– Jus de fruits	20-100	–	–	5-25
– Fruits au sirop	60-120	–	–	15-30
– Fruits confits	380	1	–	94
– Fruits déguisés	278	0,5	69	
– Fruits séchés	300	2-4	–	65-70
– Fruits secs à apéritif	378	2,5	9,8	70
– Compotes de fruits	100	0,5	0,2	24
– Compotes « allégées »	71	0,3	0,2	17
– Confitures	278	0,5	–	69
– Confitures « allégées »	182	0,5	–	45
– Gelées de fruits	278	0,5	–	69
– Macédoine de fruits	60-120	–	–	15-30
– Nectars de fruits	50-120	0,3	–	12-30
– Pâtes de fruits	228	1	–	56
– Sirops de fruits	264	–	–	66
Fruits d'arbre à pain	90	1,5	0,5	20
Fruits de cactus :				
– Figue de Barbarie	50	0,8	0,3	10,8
– Pitahaya ou Pitaya	56	1,4	0,4	11,8
Fruits du dragon (Pitaya)	56	1,4	0,4	11,8

Pour 100 g ou 100 ml	Calories	Protides	Lipides	Glucides
Fruits de mer	50-100	10-20	0,5-2	–
Fruits de la passion	55	2,5	1,2	8,5
Fruits étoile (caramboles)	30	0,5	0,3	6,5
Fruits oléagineux	588	26	50	8,5
Fugu	122	17	6	–
Fuseau ou rosette	401	24	33	2
Fusillis (crus)	355	12,5	1	74
– Fusillis cuits	110	3,5	0,2	23,5
Galactose	400	–	–	100
Galanga	61	2	1,5	10
Galantine	254	16	20	2,5
Galathée ou galatée	90	17	2	–
Galettes des rois	505	7,5	35	40
Galettes de riz	384	9	3,5	79
Gambas (crevettes)	98	21	1,5	–
Gaperon	339	23	27	1
Gardon	112	19	4	–
Gâteaux	300-500	5-9	4-23	40-78
– au fromage blanc	218	8,5	5,3	34
– Gâteau de riz	151	4	3	27
Gâteaux secs	448	9	12	76
– Gâteaux secs salés	492	9	20	69
Gaufres	300	6	11	44,5
– 1 gaufre	120	2,4	4,4	17,8
– 1 gaufre-Chantilly	200	2,5	11	22,5

Pour 100 g ou 100 ml	Calories	Protides	Lipides	Glucides
Gaufrettes	368	5	4	78
– Gaufrettes fourrées	523	5	23	74
Gélatine	338	84,5	–	–
– 1 feuille de gélatine	3	0,8	–	–
Gelées de fruits	278	0,5	–	69
– 1 cuillère à soupe	98	–	–	24,5
Gelée royale	308	0,5	–	76,5
Gélinotte (grouse)	115	25	1,5	–
Gendarme (hareng fumé)	214	23	13,5	–
Gendarme (saucisse)	474	21	42	3
Génépi (liqueur)	280			
Genièvre (baies)	0	–	–	–
– Genièvre (eau-de-vie)	280	–	–	–
– Péquet	224	–	–	–
– Schiedam	280	–	–	–
Génoise au chocolat	378	5	14	58
Génoise aux fruits	325	4	5	66
Gentiane (apéritif)	150	–	–	–
Germes de blé	330	26	10	34
Germes de maïs	410	13	22	40
Germes d'orge (malt)	326	11	2	67
Germes de soja	17	2	0,1	2
Germon (thon blanc)	136	25	4	–
Géromé	332	19	28,5	–
Gésiers	121	18	5	1

Pour 100 g ou 100 ml	Calories	Protides	Lipides	Glucides
Gésiers confits	184	18	12	1
Gibiers	115	20-22	2-3,5	–
Gigot d'agneau	225	18	17	–
Gigot de mouton	225	18	17	–
Gigue (cerf, chevreuil)	120	22	3,5	–
Gin	224	–	–	–
– 1 verre de 4 cl	90	–	–	–
Gingembre (racine)	61	2	1,5	10
– Gingembre moulu	322	8,3	5	61
– Gingembre confit	228	1	–	56
Ginger Tonics	36	–	–	9
Ginseng	0	–	–	–
Giraumon	22	0,6	0,1	4,6
Girelle	95	17	3	–
Girofle (clous de girofle)	0	–	–	–
Girolles	30	2,8	0,2	4,1
Gîte-gîte de bœuf	240	28,5	14	–
Gîte-noix de bœuf	180	20	11	–
Glaces :				
– Bûche de Noël	188	4	7,5	26
– Cornets de glace	182	4	8,2	23
– 1 cornet de glace	225	4	9	31
– Crèmes glacées	188	4	7,5	26
– Esquimaux glacés	188	3	7,5	27
– 1 esquimau glacé	225	3,6	9	32,4

Pour 100 g ou 100 ml	Calories	Protides	Lipides	Glucides
– Glaces aux fruits	160	1	4	30
– Glaces aux œufs	130	3,5	4	20
– Profiteroles-chocolat	222	3	10	30
– 1 Profiterole	144	1,9	6,5	19,5
– Sorbets aux fruits	110	0,5	0,5	25,5
– Sorbets alcoolisés	180	0,2	0,1	25
Gland de mer (balane)	73	16	0,5	1
Gloucester	335	23	27	–
Glucose	400	–	–	100
Gluten	425	75-85	5-12	8-10
Gnocchis	135	6,5	5	16
Goberge (lieu noir)	90	18	2	–
Gobie	95	17	3	–
Golmote (amanite)	32	4	0,2	3,4
Gombo (ketmie)	40	1,4	0,3	8
Gombo chinois (luffa)	22	0,6	0,1	4,6
Gomme à mâcher	154	–	–	38,5
– 1 tablette	4	–	–	1
Gomphides	26	2,5	0,5	3
Gorgonzola	405	23	35	2
Gouda	348	25	27,5	–
Goujon	62	12	1,5	–
Gournay	228	18	16	3
Gousses d'ail	135	6	0,1	27,5
Gousses de vanille	0	–	–	–

Pour 100 g ou 100 ml	Calories	Protides	Lipides	Glucides
Goûters (biscuits)	433	9	17	61
Goyaves	48	1	0,4	11
– Poire des Indes	48	1	0,4	11
– Red supreme ruby	48	1	0,4	11
Goyave-ananas (feijoa)	25	1	0,1	5
Grains d'avoine	333	12	5	60
Grains de blé	342	13	2,5	67
Grains de cardamome	0	–	–	–
Grains de cumin	0	–	–	–
Grains de maïs	356	10	4	70
Grains de millet	342	11	4	65
Grains de moutarde	0	–	–	–
Grains d'orge mondé	330	11	2	67
Grains d'orge perlé	356	8,5	1,1	78
Grains de pavot	0	–	–	–
Grains de riz blanc	370	6,7	0,6	86
Grains de riz complet	379	7,5	2,8	81
Grains de sarrasin	304	10,5	2	61
Grains de seigle	338	11	2	69
Grains de sésame	566	19	50	10
Grains de soja	458	35	18	39
Grains de sorgho	339	10	3,5	70
Grains de tournesol	595	24	47	19
Graisses animales :				
– Bardes de lard	670	10	70	–

Pour 100 g ou 100 ml	Calories	Protides	Lipides	Glucides
– Beurre	750	0,4	83	0,4
– Beurre « allégé »	401	7	41	1
– Beurre d'anchois	478	11,2	48	0,2
– Crème fraîche	320	2,3	33,3	3
– Crème fraîche légère	204	3	20	3
– Graisse d'agneau	798	1,5	88	–
– Graisse de bœuf	771	1,5	85	–
– Graisse de canard	896	–	99,5	–
– Graisse de mouton	798	1,5	88	–
– Graisse d'oie	896	–	99,5	–
– Graisse de porc	891	–	99	–
– Huiles de poissons	900	–	99,9	–
– Lard de bœuf	670	10	70	–
– Lard de porc	670	10	70	–
– Lard maigre de porc	281	18	23	0,5
– Lardons	281	18	23	0,5
– Margarines mixtes	750	0,1	83	0,2
– Saindoux	891	–	99	–
– Suif de bœuf	891	–	99	–
– Suif de mouton	891	–	99	–
– Ventrèche	281	18	23	0,5
Graisses végétales :				
– Beurre de cacahuète	610	27	50	13
– Beurre de cacao	886	–	98	1
– Beurre de karité	886	–	98	1

Pour 100 g ou 100 ml	Calories	Protides	Lipides	Glucides
– Huiles végétales	900	–	99,9	–
– Margarines végétales	750	0,1	83	0,2
– Pâte à tartiner	397	7,7	40,3	1
– Végétaline	900	–	99,9	–
Grana padano	216	27	12	–
Grand Marnier	252	–	–	–
Grand Z'yeux	77	17	1	–
Granulés chocolatés	410	6,5	7	80
Grappa	252	–	–	–
Gras-double	96	17	3	0,3
Grataron	324	18	28	–
Gratin d'aubergines	164	4	12	10
Gratin de courgettes	118	3	10	4
Gratin dauphinois	148	3	8	16
Gratin de poisson	225	10,5	15	12
Grattons (fritons)	490	17	47	0,1
Gravelot (pluvier)	115	25	1,5	–
Gravenche	151	22	7	–
Gravettes (huîtres)	80	10	2	5
– 12 huîtres	110	13	3	7,5
Grémille	95	21,5	1	–
Grenade	63	1	0,3	14
Grenadier	86	17	2	–
Grenadille	55	2,5	1,2	8,5
Grenadin de veau	175	19	11	–

Pour 100 g ou 100 ml	Calories	Protides	Lipides	Glucides
Grenadine (sirop)	**328**	–	–	82
Grenouille (cuisses)	**69**	16,5	0,3	–
Gressins (grissini)	**352**	3,5	9,5	63
– 1 gressin	**18**	0,2	0,5	3,1
Griottes (cerises)	**77**	1	0,5	17
Gris de Lille	**332**	20	28	–
Griselles (échalotes)	**75**	1,3	0,2	17
Griset (dorade grise)	**77**	17	1	–
Grisets (champignons)	**26**	2,5	0,5	3
Grive	**120**	22	3,5	–
Grondin (rouget-grondin)	**95**	17	3	–
Gros blancs (escargots)	**73**	16	1	–
Gros mil (sorgho)	**339**	10	3,5	70
Groseille	**28**	1	0,5	5
– Jus de groseille	**50**	0,4	–	12
Groseille à maquereau	**28**	0,6	0,1	6,2
Groseille du Cap	**45**	1	0,1	10
Groseille de Chine (kiwi)	**50**	1,1	0,6	10
Grouse (gélinotte)	**115**	25	1,5	–
Gruau :				
– Gruau d'avoine	**333**	12	5	60
– Gruau de Paris (blé)	**342**	13	2,5	67
– Gruau d'orge perlé	**356**	8,5	1,1	78
Gruyère	**386**	29	30	–
Guacamole	**147**	2	15	1

Pour 100 g ou 100 ml	Calories	Protides	Lipides	Glucides
Guava (goyave)	48	1	0,4	11
Gueuse (33 cl)	105	–	–	8,5
Guignes (cerises)	77	1	0,5	17
Guignettes (bigorneaux)	100	20	2,3	–
Guignolet	196	–	–	28
Guimauve	380	–	–	95
Haché (bœuf haché) :				
– à 5 % MG	129	21	5	–
– à 10 % MG	168	19,5	10	–
– à 15 % MG	207	18	15	–
– à 20 % MG	250	17,5	20	–
Hachis parmentier	165	10,5	7,5	14
Haddock (églefin fumé)	101	23	1	–
Halibut (flétan)	117	18	5	–
– Flétan fumé	220	28	12	–
Haliotide (ormeau)	92	17	2	1,5
Halva	560	–	30	70
Hamburger	254	12	10	29
Hampe de bœuf	148	28	4	–
Hampe de veau	175	19	11	–
Hareng frais	207	18	15	–
– Hareng fumé	214	23	13,5	–
– Hareng mariné	239	16	15	10
– Hareng saur (fumé)	214	23	13,5	–

Pour 100 g ou 100 ml	Calories	Protides	Lipides	Glucides
Haricots en grains :				
– Grains frais	**120**	8	0,5	21
– Grains secs (crus)	**276**	21	1,3	45
– Grains secs cuits	**100**	6	0,5	18
Haricots verts :				
– Haricots filets ou fins	**26**	2	0,2	4
– Haricots mange-tout	**26**	2	0,2	4
– Cocos plats	**26**	2	0,2	4
Haricots verts chinois	**60**	5	0,4	9
Haricots de mer	**26**	2	0,2	4
Haricots mungo germés	**17**	2	0,1	2
Harissa	**0**	–	–	–
Harle (canard)	**124**	22	4	–
Hase (lièvre femelle)	**130**	28	2	–
Haut de côte de veau	**175**	19	11	–
Hémicelluloses	**0**	–	–	–
Herbes aromatiques	**0**	–	–	–
Herve	**282**	21	22	–
Hollande	**353**	29	25	3
Homard	**90**	19,2	1,1	0,7
Hoplostète (empereur)	**122**	17	6	–
Hot-dog (1 de 130 g)	**367**	14	19	35
Houmous	**387**	5	37	8,5
Huile de paraffine	**0**	–	–	–
– Vinaigrette paraffine	**24**	0,2	–	0,6

Pour 100 g ou 100 ml	Calories	Protides	Lipides	Glucides
Huiles végétales :				
– 1 cuillère à café	**30**	–	3,3	–
– 1 cuillère à soupe	**90**	–	10	–
– Huile d'arachide	**900**	–	99,9	–
– Huile d'argane	**900**	–	99,9	–
– Huile de carthame	**900**	–	99,9	–
– Huile de colza	**900**	–	99,9	–
– Huile de coprah	**900**	–	99,9	–
– Huile de coton	**900**	–	99,9	–
– Huile de maïs	**900**	–	99,9	–
– Huile de noisettes	**900**	–	99,9	–
– Huile de noix	**900**	–	99,9	–
– Huile d'olive	**900**	–	99,9	–
– Huile de palme	**900**	–	99,9	–
– Huile-pépin de raisin	**900**	–	99,9	–
– Huile de sésame	**900**	–	99,9	–
– Huile de soja	**900**	–	99,9	–
– Huile de tournesol	**900**	–	99,9	–
Huile de foie de morue	**900**	–	99,9	–
Huile de poissons	**900**	–	99,9	–
Huîtres	**80**	10	2	5
– 12 huîtres	**110**	13	3	7,5
Hydnes (champignons)	**33**	2,5	0,4	4,7
Hydromel	**84**	–	–	–

Pour 100 g ou 100 ml	Calories	Protides	Lipides	Glucides
Ibores	210	11	18	1
Icaque	51	0,5	0,1	12
Ice tea	31	–	–	7,6
Idiazàbal	335	23	27	–
Infusions	0	–	–	–
Igname (tubercule)	101	2	0,1	23
– Fécule d'igname	346	10	2	72
Ile flottante	138	5	3,3	22
Irish coffee	136	–	4	–
Irish whiskey	224	–	–	–
– 1 verre de 4 cl	90	–	–	–
Isard (chamois)	120	22	3,5	–
Izarra	252	–	–	–
Jamalac ou jamlak	86	1	0,2	20
Jambon blanc ou cuit :				
– Jambon cuit ordinaire	136	18,4	6,5	0,8
– Jambon cuit dégraissé	114	18,4	4,2	0,8
– Jambon de Paris	136	18,4	6,5	0,8
Jambon cru ou sec :				
– Jambons secs	229	23	15	0,5
– Jambons secs fumés	330	15-20	27-30	0,5
– Jambon de Bayonne	229	23	15	0,5
– Jambon de Parme	229	23	15	0,5
Jambonneau	172	20	10	0,5

Pour 100 g ou 100 ml	Calories	Protides	Lipides	Glucides
Jaque (fruit du jaquier)	90	1,5	0,5	20
Jardinière de légumes	67	1,9	1,7	11
Jarret de bœuf	240	28,5	14	–
Jarret de veau	183	19	12	–
Jasmin (fleur de jasmin)	0	–	–	–
Jaune d'œuf de poule	360	16	33	–
– 1 jaune d'œuf	60	2,5	5,5	–
Jerez (xérès)	84	–	–	–
Jésus (saucisson)	366	22	30	2
Jicama	34	1,2	–	7
Jonchée	116	8	8	3
Joubarbe	40	2	–	7,5
Joue de bœuf	201	30	9	–
Joue de veau	202	28	10	–
Joutte (bette ou poirée)	24	2	0,2	3,5
Jujube frais	85	1,5	0,3	19
– Jujube demi-sec	256	3,7	0,1	60
– Jujube sec	298	4,3	0,1	70
Julienne (lingue)	86	17	2	–
Jumeau à bifteck	148	28	4	–
Jumeau à pot-au-feu	240	28,5	14	–
Jument (lait de jument)	50	2,3	2	5,6
Jus de fruits :				
– Jus d'abricot	56	0,5	–	13,5
– Jus d'ananas	51	0,4	–	12,2

Pour 100 g ou 100 ml	Calories	Protides	Lipides	Glucides
– Jus de canne à sucre	73	0,5	0,1	17,5
– Jus de canneberges	64	–	–	16
– Jus de cassis	20	–	–	5
– Jus de citron	26	–	–	6,5
– Jus de citron vert	20	–	–	5
– Jus de cranberries	64	–	–	16
– Jus de framboise	44	–	–	11
– Jus de fruits exotiques	43	0,1	–	10,7
– Jus de groseille	50	0,4	–	12
– Jus de lime	20	–	–	5
– Jus de mangue	58	0,2	0,3	13,7
– Jus d'orange	40	0,7	–	9,3
– Jus de pamplemousse	36	0,5	–	8,5
– Jus de pêche	52	0,5	–	12,5
– Jus de poire	64	0,2	–	15,8
– Jus de pomelo	36	0,5	–	8,5
– Jus de pomme	45	0,2	–	11
– Jus de prune	68	–	–	17
Jus de pruneau	76	0,3	0,1	18
– Jus de raisin	62	0,5	–	15,5
Jus de légumes :				
– Jus de carotte	32	0,7	0,1	7
– Jus (ou lait) de soja	37	3,8	1,9	1,2
– Jus de tomate	20	1	0,2	3,2

Pour 100 g ou 100 ml	Calories	Protides	Lipides	Glucides
Kacha (sarrasin)	304	10,5	2	61
– Kacha cuite	110	3,5	0,2	23,5
Kaki (plaquemine)	66	0,7	0,2	15,3
Kamaboko (surimi)	77	11	1	6
Kamoun (cumin)	0	–	–	–
Kari (cari ou curry)	0	–	–	–
Karité (fruit)	84	1,9	1,2	16,3
– Beurre de karité	886	–	98	1
Kasbou (persil arabe)	28	4,4	0,5	1,4
Kay-choy	12	1	–	2
Kay-lan	12	1	–	2
Kéfir (lait fermenté)	44	3,8	2	2,7
Ketchup	120	2	0,4	27
Ketchup light	78	1	0,1	18,2
Ketmie (gombo)	40	1,4	0,3	8
Kipper (hareng fumé)	214	23	13,5	–
Kir	85	–	–	2,5
Kirsch	264	–	–	–
Kiwano (melon à cornes)	20	1,8	–	3,2
Kiwi (actinidia)	50	1,1	0,6	10
– 1 kiwi moyen	50	1,1	0,6	10
Knèpes	66	0,9	0,2	15
Kombu (algue sèche)	247	6,5	1,5	52
Kosbor (persil arabe)	28	4,4	0,5	1,4
Koumis (lait fermenté)	44	3,8	2	2,7

Pour 100 g ou 100 ml	Calories	Protides	Lipides	Glucides
Krill	96	21	1,3	–
Kummel	308	–	–	–
Kumquat (orange naine)	42	1,1	0,9	7,4
– Kumquat confit	95	0,5	1	21
Kwass	84	–	–	–
Labre (vieille)	82	16	2	–
Lactaires	26	2,5	0,5	3
Lactosérum (petit-lait)	24	0,7	0,2	4,8
Lagopède (gélinotte)	115	25	1,5	–
Laguiole	366	23	30,5	–
Laie (sanglier femelle)	111	21	3	–
Lait de vache :				
– Lait écrémé	33	3,3	0,2	4,6
– Lait demi-écrémé	46	3,2	1,6	4,6
– Lait entier	63	3,2	3,5	4,8
– Lait concentré entier	132	6,4	7,5	9,7
– Lait concentré sucré	331	8,2	9	54,2
Lait de vache (poudre) :				
– Lait écrémé	352	34,5	0,5	52,5
– Lait demi-écrémé	444	30	16	45
– Lait entier	498	26	26	40
Lait d'ânesse	44	1,7	1,2	6,6
Lait de brebis	100	5,5	6,4	5
Lait de bufflone	118	5,5	9	4

Pour 100 g ou 100 ml	Calories	Protides	Lipides	Glucides
Lait de chamelle	65	3,2	4,3	3,4
Lait de chèvre	66	3,5	3,8	4,5
Lait de femme	64	1,3	3,6	6,5
Lait de jument	50	2,3	2	5,6
Lait de noix de coco	209	2	21	3
Lait de renne	240	10,5	20	4,5
Lait (ou jus) de soja	37	3,8	1,9	1,2
Laits aromatisés :				
– Lait chocolaté	86	3,6	3,6	9,8
– Lait arôme fraise	62	3	1,2	9,8
– Lait arôme vanille	62	3	1,2	9,8
Laitues	15	1	0,3	2
Lambi (strombe)	90	17	2	1
Lambic (33 cl)	105	–	–	8,5
Laminaire (algue sèche)	247	6,5	1,5	52
Lamproie	177	15	13	–
Lampourde	96	3	–	21
Lancashire	351	23	27	–
Lançon (équille)	79	18	0,3	–
Langouste	90	17	2	–
Langoustines	90	17	2	–
Langres	314	20	26	–
Langue (abat) :				
– Langue d'agneau	193	14	15	–
– Langue de bœuf	200	16	15	–

Pour 100 g ou 100 ml	Calories	Protides	Lipides	Glucides
– Langue de mouton	254	14	22	–
– Langue de porc	207	18	15	–
– Langue de veau	135	18	7	–
Langue-de-bœuf	32	4	0,2	3,4
Langues-de-chat	360	8	8	64
Lapin domestique	152	20	8	–
– Lapin de garenne	133	22	5	–
– Foie de lapin	124	20	3,5	3
Lard :				
– Bardes de lard gras	670	10	70	–
– Lard de bœuf	670	10	70	–
– Lard de porc	670	10	70	–
– Lard maigre de porc	281	18	23	0,5
– Lardons	281	18	23	0,5
– Ventrèche	281	18	23	0,5
Larmille	364	16	4	66
Laruns	313	22	25	-
Lasagnes	161	6	9	14
Laurier-sauce (feuilles)	0	. .	–	–
Lavaret	103	20	2,5	–
Légumes secs (crus)	330	23	1,5	59
– Légumes secs cuits	120	8	0,5	21
Légumes verts	22-60	1,5-5	–	4-12
Leiden	311	26	23	–
Lentilles (crues)	317	24	1	53

Pour 100 g ou 100 ml	Calories	Protides	Lipides	Glucides
– Lentilles cuites	103	7,6	0,5	17
Lentin (shiitaké)	35	4,3	0,2	4
Lépiotes (coulemelles)	26	2,5	0,5	3
Levraut (lièvre)	130	28	2	–
Levure alsacienne	0	–	–	–
Levure chimique	0	–	–	–
Levure de bière fraîche	81	13	0,5	6
Levure de bière sèche	275	43	3	19
Levure de boulanger	81	13	0,5	6
Lieu jaune	90	18	2	–
Lieu noir (goberge)	90	18	2	–
Lièvre :				
– Bouquin (lièvre mâle)	130	28	2	–
– Capucin (vieux lièvre)	130	28	2	–
– Levraut (2 à 4 mois)	130	28	2	–
– Trois-quart (de l'année)	130	28	2	–
– Hase (lièvre femelle)	130	28	2	–
Lignines	0	–	–	–
Limande	78	17	1,2	–
Limande-sole	78	15	2	–
Limbourg	305	20	25	–
Lime (citron vert)	22	0,5	–	5
– Jus de lime	20	–	–	5
Lime sauvage (combava)	22	0,5	–	5
Limonade	38	–	–	9,5

Pour 100 g ou 100 ml	Calories	Protides	Lipides	Glucides
Lingue (julienne)	86	17	2	–
Liqueurs	255	–	–	35-40
– 1 verre de 4 cl	105	–	–	16
Liseron d'eau	25	2,3	0,3	3,2
Lisettes (maquereaux)	128	14	8	–
Listao (bonite)	109	25	1	–
Litchi ou lychee	66	0,9	0,2	15
– 1 litchi	8	0,1	0,02	1,8
– Litchis au sirop	126	0,9	0,2	30
Litchi poilu (ramboutan)	71	1	0,3	16
Littorines (bigorneaux)	100	20	2,3	–
Livarot	282	21	22	–
Livèche	0	–	–	–
Loche	62	12	1,5	–
Lollo rossa (laitue)	15	1	0,3	2
Lompe (œufs de lompe)	118	13	6	3
Longan	49	1,1	0,5	10
– Longan séché	300	4,9	0,4	69
Longe de porc	211	19	15	–
Longe de veau	175	19	11	–
Longuets	352	3,5	9,5	63
Lonzo	290	27	20	0,5
Lopak (radis oriental)	58	2,8	0,3	11
Loquat (nèfle du Japon)	34	0,7	0,2	7,3
Loquette (brosme)	79	18	0,5	–

Pour 100 g ou 100 ml	Calories	Protides	Lipides	Glucides
Lotte (baudroie)	79	18	1	–
Lotus :				
– Feuilles de lotus	25	2,3	0,3	3,2
– Racine de lotus	44	2	0,2	8,5
Loubine (bar ou loup)	111	19	3,9	–
Loukoums	380	–	–	95
– 1 Loukoum de 80 g	304	–	–	76
Loup (bar ou loubine)	111	19	3,9	–
Luffa (gombo chinois)	22	0,6	0,1	4,6
Lump (œufs de lump)	118	13	6	3
Lychee ou litchi	66	0,9	0,2	15
– 1 lychee	8	0,1	0,02	1,8
– Lychees au sirop	126	0,9	0,2	30
Macarons (1 biscuit)	120	1,8	4	20
Macaronis (crus)	355	12,5	1	74
– Macaronis cuits	110	3,5	0,2	23,5
Macédoine de fruits	60-120	–	–	15-30
Macédoine de légumes	51	2	0,3	10
Maceron	0	–	–	–
Mâche (doucette)	20	2	0,4	2
Macis	0	–	–	–
Mâconnais	201	11	17	1
Mâcre (châtaigne d'eau)	44	2	0,2	8,5
Macreuse à bifteck	148	28	4	–

Pour 100 g ou 100 ml	Calories	Protides	Lipides	Glucides
Macreuse à braiser	242	20	18	–
Madeleines (1 biscuit)	118	1,8	6,9	12
Madère (vin muté)	120	–	–	–
Madère (chou caraïbe)	195	2,5	0,5	45
Magret de canard	170	20	10	–
Mahon	216	27	12	–
Maï-maï ou Mahi-mahi	116	19	4,5	–
Maïa (araignée de mer)	99	20	1,6	1
Maigre (sciène)	111	19	3,9	–
Maïs (blé d'Inde) :				
– Corn-flakes	374	7	0,6	85
– Épis de maïs doux	114	3,4	1,4	22
– Farine de maïs	350	9,5	3,5	70
– Fécule de maïs	352	–	–	88
– Flocons de maïs	380	8	1,4	84
– Germes de maïs	410	13	22	40
– Grains de maïs	356	10	4	70
– Huile de maïs	900	–	99,9	–
– Maïs doux cuit	114	3,4	1,4	22
– Maïs soufflé à l'air	345	12	5	63
– Maïs soufflé à l'huile	480	9	28	48
– Maïzena (fécule)	352	–	–	88
– Pétales de maïs	374	7	0,6	85
– Polenta (cuite)	111	3,9	0,4	23
– Pop-corn à l'air	345	12	5	63

Pour 100 g ou 100 ml	Calories	Protides	Lipides	Glucides
– Pop-corn à l'huile	480	9	28	48
– Semoule (crue)	355	12,5	1	74
– Semoule cuite	111	3,9	0,4	23
Maïzena (fécule)	352	–	–	88
Majojero	324	18	28	–
Makabo (feuilles)	30	2,2	0,4	4,2
– Makabo (racines)	148	3	0,4	33
Makrut (lime)	22	0,5	–	5
Malaga	105	–	–	–
Malanga (chou caraïbe)	195	2,5	0,5	45
Malibu	135	–	–	–
Malt (orge)	326	11	2	67
Mamirolle	335	23	27	–
Manchego	335	23	27	–
Mandarines	46	0,5	–	11
– 1 mandarine (70 g)	32	0,3	–	7,7
Mange-tout (haricots)	26	2	0,2	4
Mangoustan	69	0,5	0,2	16,3
Mangue	62	0,6	0,2	14,3
– 1 mangue (500 g)	276	2,7	0,9	64,3
– 1/2 mangue (250 g)	138	1,4	0,45	32
– Jus de mangue	58	0,2	0,3	13,7
– Nectar de mangue	60	0,2	0,2	14,2
Manioc :				
– Fécule de manioc	384	0,5	0,2	95

Pour 100 g ou 100 ml	Calories	Protides	Lipides	Glucides
– Feuilles de manioc	84	7,3	1,2	11
– Racine de manioc	154	1	0,2	37
– Semoule de manioc	384	0,5	0,2	95
– Tapioca (fécule crue)	384	0,5	0,2	95
– Tapioca cuit	211	1	0,4	51
Maquereau frais	128	14	8	–
– Lisettes	128	14	8	–
– Maquereau à la tomate	217	14	17	2
– Maquereau au vin blanc	208	16	16	–
– Maquereau fumé	296	20	24	–
Maracuja	55	2,5	1,2	8,5
Marasmes d'Oréade	26	2,5	0,5	3
Marasquin	140	–	–	–
Marc	308	–	–	–
Marcassin (sanglier)	111	21	3	–
Maredsous	299	23	23	–
Marennes (huîtres)	80	10	2	5
– 12 huîtres	110	13	3	7,5
Margarines	750	0,1	83	0,2
– 1 noix (10 grammes)	75	–	8,3	–
Margarines « allégées »	380	0,7	41,5	0,5
– 1 noix (10 grammes)	38	–	4,2	–
Margose (melon amer)	15	1,3	0,1	1,1
Marinades	158	0,5	10	6
Marjolaine (origan)	0	–	–	–

Pour 100 g ou 100 ml	Calories	Protides	Lipides	Glucides
Marmelade de fruits	278	0,5	–	69
– 1 cuillère à café	28	–	–	7
Maroilles	341	20	29	–
Marrons	180	2	3	36,5
– Crème de marrons	298	2	1,2	70
– Marrons glacés	305	2	1	72
– 1 Marron glacé	30	0,2	0,1	7,2
– Purée de marrons	211	4	3	42
Marsala	100	–	–	–
Marshmallows	380	–	–	95
Martini	160	–	–	12
– 1 verre de 7 cl	112	–	–	8,4
Mascarpone	390	10	36	6,5
Massepain	550	10	27	67
Massicis	12	0,7	0,1	2
Matzes (pain azyme)	370	11	1,5	78
Mayonnaise	710	1,3	78	0,7
– 1 cuillère à soupe	213	0,4	23,4	0,2
Mayonnaise « allégée »	395	1	39	11
– 1 cuillère à soupe	120	0,3	11,7	3,3
Mélasse	250	2	–	60
Meliot	0	–	–	–
Mélisse	0	–	–	–
Melons	36	0,7	0,1	8
Melons orientaux :				

Pour 100 g ou 100 ml	Calories	Protides	Lipides	Glucides
– Melon d'hiver	22	0,6	0,1	4,6
– Melon long (opo)	22	0,6	0,1	4,6
– Melon velu (mogwa)	22	0,6	0,1	4,6
Melon amer (margose)	15	1,3	0,1	1,1
Melon à cornes (kiwano)	20	1,8	–	3,2
Melon des tropiques	34	0,5	0,1	7,8
Menthe (feuilles)	0	–	–	–
– Crème de menthe	250	–	–	40
– Infusion de menthe	0	–	–	–
– Sirop de menthe	328	–	–	82
Merguez	336	16	30	0,5
– 1 Merguez	235	11,2	21	0,4
Meringue	400	5,5	1,3	92
Merises (cerises amères)	77	1	0,5	17
Merlan (poisson)	90	16	3	–
Merlan de bœuf	148	28	4	–
Merlu (colin)	84	17,5	1,5	–
Merluchon (colinot)	84	17,5	1,5	–
Mérou	141	24	5	–
Mescal	112		–	–
Mesclun	15	1	0,3	2
Méteil (blé + seigle) :				
– Farine de méteil	350	10,5	1,4	73,7
– Grains	340	12	2,2	68
Miel	308	0,5	–	76,5

Pour 100 g ou 100 ml	Calories	Protides	Lipides	Glucides
– 1 cuillère à soupe	92	–	–	23
Mignon-Maroilles	332	20	28	–
Mignonnette (poivre)	0	–	–	–
Mil :				
– Millet ou Petit mil	342	11	4	65
– Sorgho ou Gros mil	339	10	3,5	70
Milk-shake (moyenne)	112	3,5	2	20
– 1 Milk-shake (250 ml)	280	8,7	5	50
Mille-feuilles (1 gâteau)	422	7	22	49
Mimolette	341	29	25	–
Minestrone (250 ml)	96	2,9	1,5	16,7
Mirabelle (prune)	52	1	–	12
– Mirabelle (eau de vie)	240	–	–	–
Mirliton (chayote)	14	0,5	–	3
Miso (soja fermenté)	214	12	6	28
Moelle de canne	73	0,5	0,1	17,5
Moelle épinière	130	10	9	2
Moelle osseuse	610	4	65	1
Mogwa (melon velu)	22	0,6	0,1	4,6
Moka (café)	0	–	–	–
Moka (pâtisserie)	386	8	22	39
Mollusques	47-100	10-20	1-2,3	1-6
Molve (lingue)	86	17	2	–
Mombin (pomme-cythère)	47	0,4	0,1	11
Montasio	339	23	27	1

Pour 100 g ou 100 ml	Calories	Protides	Lipides	Glucides
Mont-d'or (vacherin)	321	17,5	28	–
Montrachet (fromage)	324	18	28	–
Montségur	300	23	23	–
Morbier	348	24	28	–
Morilles	34	3,4	0,2	4,6
Mortadelle	323	14	29	1,5
Morue (cabillaud) :				
– Morue fraîche	79	18	0,5	–
– Morue salée	140	32,5	1	–
– Morue séchée	322	75	2,5	–
– Brandade de morue	170	8,5	10,5	10,5
– Huile de foie de morue	900	–	99,9	–
– Œufs de cabillaud	253	25	17	–
Motelle ou Mostelle	90	16	3	–
Mothais	324	18	28	–
Mou (poumon)	95	18	2,5	–
Moules	72	12	1,7	2,2
Moussaka	169	5	13	8
Mousse au chocolat	232	6	12	25
Mousse aux fruits	120	3,5	2	22
Mousse de canard	390	10	38	2
Mousse de foie	385	10	37	3
Mousse de légumes	164	8	12	6
Mousse d'oie	392	11	38	1,5
Mousse de poissons	190	13	14	3

Pour 100 g ou 100 ml	Calories	Protides	Lipides	Glucides
Mousserons	26	2,5	0,5	3
Mousseux (vin)	70-110	–	–	1,5-2
Moût de raisin	58-90	0,5	–	14-22
Moutarde	134	6	10	5
– Grains de moutarde	0	–	–	–
Mouton :				
– Viande (en moyenne)	225	18	17	–
– Cervelle de mouton	120	10	8,5	1
– Cœur de mouton	157	17	9,5	1
– Côte de mouton	225	18	17	–
– Épaule de mouton	289	16	25	–
– Filet de mouton	225	18	17	–
– Foie de mouton	132	21	4	3
– Gigot de mouton	225	18	17	–
– Graisse de mouton	798	1,5	88	–
– Langue de mouton	254	14	22	–
– Poitrine de mouton	248	17	20	–
– Rognons de mouton	105	18	3,5	–
– Selle de mouton	248	17	20	–
– Suif de mouton	891	–	99	–
Mouvant de bœuf	180	20	11	–
Mozzarella	322	22	26	–
Müesli	408	10	12	65
Muffins	354	8	14	49
– 1 Muffin	152	3,5	6	21

Pour 100 g ou 100 ml	Calories	Protides	Lipides	Glucides
Muges ou mulets	151	22	7	–
Mulard (canard)	170	20	10	–
Mulets ou muges	151	22	7	–
– Œufs de mulet	253	25	17	–
– Poutargue (œufs)	253	25	17	–
Munster	332	19	28,5	–
Mûre de mûrier cultivé	55	1,3	0,5	11,2
Mûre de roncier sauvage	33	1	0,4	6,2
Murène	185	17	13	–
Murol	335	23	27	–
Muscade (noix râpée)	0	–	–	–
Muscat (raisin)	70	0,5	0,7	15,5
Muscat (vin doux)	134	–	–	12,5
Museau (bœuf, porc)	201	16	15	0,5
Mye	53	11	1	–
Myrte (baies)	0	–	–	–
Myrtilles	52	0,6	0,5	11,3
Nappa	18	2,2	–	2
Nashi (pomme-poire)	50	0,4	–	12,2
Natto (soja grain cuit)	229	18	11	14,5
Navets	20	1	0,2	3,5
Nectars de fruits	50-120	0,3	–	12-30
Nectarine et Brugnon	54	1	–	12,5
– 1 nectarine	40	0,7	–	9,3

Pour 100 g ou 100 ml	Calories	Protides	Lipides	Glucides
Nèfle d'Amérique	71	0,5	0,9	15,4
Nèfle d'Europe	39	0,4	0,1	9,1
Nèfle du Japon	34	0,7	0,2	7,3
Nem ou pâté impérial	180	6,6	5	27
– 1 grand nem (75 g)	134	5	3,7	20
– 1 petit nem (30 g)	54	2	1,5	8,1
Néré (farine)	316	4,6	1,1	72
Nerveux de gîte (bœuf)	180	20	11	–
Neufchâtel	300	15	27	–
Nigelle	0	–	–	–
Niolo	282	21	22	–
Noisettes :				
– Noisette fraîche	376	7	36	6
– 10 noisettes fraîches	37	0,7	3,6	0,6
– Noisette sèche	646	13	62	9
– 10 noisettes sèches	64	1,3	6,2	0,9
– Huile de noisettes	900	–	99,9	–
Noix :				
– Noix fraîche	520	10	51	5
– 10 noix fraîches	184	3,7	18,7	1,8
– Noix sèche	668	14,5	63	11
– 10 noix sèches	240	5,2	22,6	4
– Huile de noix	900	–	99,9	–
Noix du Brésil	660	13	66	3,5
– 10 noix du Brésil	264	5,2	26,4	1,4

Pour 100 g ou 100 ml	Calories	Protides	Lipides	Glucides
Noix de cajou	612	19	48	26
– 10 noix de cajou	92	2,8	7,2	3,9
Noix de coco :				
– Eau de noix de coco	24	0,3	0,3	5
– Noix de coco fraîche	352	3,2	36	3,7
– Noix de coco sèche	606	5,6	62	6,4
– Lait de noix de coco	209	2	21	3
– Huile de coprah	900	–	99,9	–
– Calou (alcool)	224	–	–	–
– Toddy (alcool)	224	–	–	–
Noix de muscade	0	–	–	–
Noix de pecan (pacane)	660	13	66	3,5
Noix de Saint-Jacques	74	15	0,5	3,5
Noix de veau	175	19	11	–
Nonette voilée	32	4	0,2	3,4
Nori (algue sèche)	243	19	0,8	40
Nougat	428	6	16	65
Nougatine	440	9,5	22-27	40-50
Nouilles (crues)	355	12,5	1	74
– Nouilles cuites	110	3,5	0,2	23,5
Nuoc-Mâm (1 c. à café)	1,2	0,3	–	–
Œil-de-dragon (longan)	49	1,1	0,5	10
Œufs de poule	146	13	10,5	–
– 1 œuf de poule	80	7,5	5,5	–

Pour 100 g ou 100 ml	Calories	Protides	Lipides	Glucides
– Blanc d'œuf de poule	**45**	11	0,1	–
– 1 blanc d'œuf	**20**	5	–	–
– Jaune d'œuf de poule	**360**	16	33	–
– 1 jaune d'œuf	**60**	2,5	5,5	–
Œufs de caille	**160**	13	12	–
– 1 œuf de caille	**24**	2	1,8	–
Œufs de cane	**191**	13	15	1
– 1 œuf de cane	**104**	7	8,2	0,5
Œufs de dinde	**173**	13	13	1
Œufs d'oie	**183**	14	14	–
Œufs de poissons :				
– **Boutargue (mulet)**	**253**	25	17	–
– **Caviar (esturgeon)**	**253**	25	17	–
– **Œufs de cabillaud**	**253**	25	17	–
– **Œufs d'esturgeon**	**253**	25	17	–
– **Œufs de lump**	**118**	13	6	3
– **Œufs de mulet**	**253**	25	17	–
– **Œufs de saumon**	**253**	25	17	–
– **Poutargue (mulet)**	**253**	25	17	–
– **Tarama**	**544**	8,5	54	6
Oie :				
– **Viande avec la peau**	**270**	29	17	–
– **Foie gras d'oie**	**460**	7-10	44-50	2-3
– **Graisse d'oie**	**896**	–	99,5	–
– **Œufs d'oie**	**183**	14	14	–

Pour 100 g ou 100 ml	Calories	Protides	Lipides	Glucides
– Rillettes d'oie	464	15	45	0,1
Oignons	34	1,3	0,2	6,8
Oka	248	26	16	–
Okolo (gombo)	40	1,4	0,3	8
Okra (gombo)	40	1,4	0,3	8
Okra chinois (luffa)	22	0,6	0,1	4,6
Oléagineux (fruits)	588	26	50	8,5
Olives :				
– Huile d'olive	900	–	99,9	–
– Olives noires	294	2	30	4
– 10 olives noires	100	0,6	10	2
– Olives vertes	120	1,4	12,7	–
– 10 olives vertes	38	0,4	4	–
Olives de mer (donax)	72	12	1,7	2,2
Olivet	286	21	22	–
Omble chevalier	175	19	11	–
Ombre	175	19	11	–
Ombrine (sciènc)	111	19	3,9	–
Omelette nature	132	12,5	9	0,3
– Omelette au fromage	202	16,5	15	0,3
– Omelette au jambon	136	14,5	8,5	0,3
Onglet de bœuf	148	28	4	–
Opo (melon long)	22	0,6	0,1	4,6
Orange	40	1	–	9
– 1 orange moyenne	70	1,6	–	16

Pour 100 g ou 100 ml	Calories	Protides	Lipides	Glucides
– Jus d'orange	40	0,7	–	9,3
– Eau de fleur d'oranger	0	–	–	–
Orange amère (bigarade)	42	1,1	0,9	7,4
– Cointreau	208	–	–	16
– Triple sec	208	–	–	16
Orange naine (kumquat)	42	1,1	0,9	7,4
– Kumquat confit	95	0,5	1	21
Oreille-de-Judas	26	2,5	0,5	3
Oreille-de-lièvre (pézize)	26	2,5	0,5	3
Oreille-de-mer (ormeau)	92	17	2	1,5
Orge :				
– Farine d'orge	352	11,5	2	72
– Grains d'orge mondé	330	11	2	67
– Gruau d'orge perlé	356	8,5	1,1	78
– Malt (orge)	326	11	2	67
– Orge mondé (entier)	330	11	2	67
– Orge perlé (poli)	356	8,5	1,1	78
– Pain d'orge	247	6,5	1	53
– Orgeat (sirop)	280	–	–	70
Origan (marjolaine)	0	–	–	–
Orignal	120	20	4	1
Ormeau (haliotide)	92	17	2	1,5
Oronge (amanite)	32	4	0,2	3,4
Orphie (aiguille de mer)	91	16	3	–
Ortie	57	5,5	0,7	7

Pour 100 g ou 100 ml	Calories	Protides	Lipides	Glucides
Ortolan	120	22	3,5	–
Os à moelle (moelle)	610	4	65	1
Oseille	25	2,5	–	2,5
Ossau-Iraty	377	27	29	2
Ouassou (écrevisse)	72	16	0,5	1
Ours	202	28	10	–
Oursin	95	15	2	–
Outarde	170	20	10	–
Ouzo	252	–	–	–
Pacane (noix de pecan)	660	13	66	3,5
Paëlla	160	8-11	6-7	18-22
Pageot ou pageau	77	17	1	–
Pagre	77	17	1	–
Pain azyme	370	11	1,5	78
Pain bis	245	7	1	52
Pain blanc :	275	8,5	1	58
– 1 baguette (250 g)	687	21	2,5	145
– 1/2 baguette (125 g)	343	10,5	1,2	72,5
– 1/4 baguette (62,5 g)	172	5,2	0,6	36,2
– 1 ficelle (120 g)	330	10,2	1,2	69,6
Pain brioché :	267	7	3	53
– 1 baguette (250 g)	667	17,5	7,5	132,5
– 1/2 baguette (125 g)	334	8,7	3,8	66,2
– 1/4 baguette (62,5 g)	167	4,4	1,9	33

Pour 100 g ou 100 ml	Calories	Protides	Lipides	Glucides
– 1 ficelle (120 g)	320	8,4	3,6	63,6
Pain complet	246	9	1,8	48,5
Pain de campagne	261	9	1	54
Pain d'épice	335	3	3	74
Pain de Gênes	320	5,5	22	25
Pain de mie	288	8	4	55
– 1 tranche *(moyenne)*	43	1,2	0,6	8,2
Pain d'orge	247	6,5	1	53
Pain de seigle	241	7	1	51
Pain de son (pain noir)	257	13	5	40
Pain grillé	406	10	6	78
– 1 tranche *(moyenne)*	40	1	0,6	7,8
Pain au gluten	240	20	–	40
Pain sans gluten	220	3,8	3,7	42,8
Pain viennois	258	8	2	52
Pain au chocolat	408	7	20	50
– 1 pain au chocolat	285	4,9	14	35
Pain au lait	367	10	15	48
– 1 pain au lait	128	3,5	5,2	16,8
Pain au raisin	328	8	12	47
– 1 pain au raisin	240	5,8	8,7	34,4
Pak-choy	12	1	–	2
Pale-Ale (33 cl)	115	–	–	13
Palée	170	20	10	–
Paleron de bœuf	180	20	11	–

Pour 100 g ou 100 ml	Calories	Protides	Lipides	Glucides
Palette de porc	300	17	25	–
Palmiers :				
– Chou palmiste	47	3	0,3	8
– Cœur de palmier	47	3	0,3	8
– Farine de palmier	274	2,6	0,4	65
– Fécule de palmier	346	10	2	72
– Huile de palme	900	–	99,9	–
– Sagou (fécule)	346	10	2	72
– Vin de palme	100	–	–	–
Palmier (1 gâteau)	204	5	5,5	32,5
Palombe	128	23	4	–
Palomet (russule)	26	2,5	0,5	3
Palourdes (clovisses)	53	11	1	–
– 12 palourdes	64	13,2	1,2	–
Pamplemousse	42	0,5	–	10
– 1 pamplemousse	105	1,3	–	25
– Jus de pamplemousse	36	0,5	–	8,5
Panaché (33 cl)	118	–	–	20
Panais	74	1,7	0,4	16
Pancake	300	10	2,3	60
Paninis (en moyenne)	454	20	16	57,5
Papaye	34	0,5	0,1	7,8
– 1 papaye de 400 g	136	2	0,4	31,2
Paprika	0	–	–	–
Paraffine (huile)	0	–	–	–

Pour 100 g ou 100 ml	Calories	Protides	Lipides	Glucides
– Vinaigrette paraffine	24	0,2	–	0,6
Paris-Brest (1 gâteau)	245	6,5	11	30
Parmentier (hachis)	165	10,5	7,5	14
Parmesan (parmigiano)	380	36	26,5	–
Passe-crassane (poire)	50	0,4	–	12,2
Passendale	311	26	23	–
Passiflore (grenadille)	55	2,5	1,2	8,5
– Passiflore (infusion)	0	–	–	–
Pastèque (melon d'eau)	31	0,5	0,3	6,5
Pastilles sucrées	380	–	–	95
Pastis	270	–	–	2
Pastis sans alcool	0	–	–	–
Patate douce	90	1,2	0,6	20
Pâtes alimentaires :				
– aux œufs (crues)	374	13,5	3,5	72
– aux œufs cuites	120	4	1	23,5
– ordinaires (crues)	355	12,5	1	74
– ordinaires cuites	110	3,5	0,2	23,5
Pâte brisée	337	4,5	19	37
Pâte feuilletée	410	4,6	28	35
Pâte sablée	436	6	20	5
Pâte à choux	206	6,5	12	18
Pâte à crêpes	188	7	8	22
Pâte à pizzas	366	9	6	69
Pâte à tartiner	397	7,7	40,3	1

Pour 100 g ou 100 ml	Calories	Protides	Lipides	Glucides
Pâte à tartiner au cacao	284	4	16	31
Pâte au basilic (pistou)	340	2,5	33,5	7
Pâte d'amande	460	9	24	52
Pâte d'anchois	478	11,2	48	0,2
Pâte d'arachide	610	25,5	51	12
Pâtes de fruits	228	1	–	56
Pâte de poisson (surimi)	77	11	1	6
Pâte de soja (tofu)	120	11,5	6,8	3,5
Pâtés :				
– Pâté des Ardennes	390	12	37	2,4
– Pâté de campagne	330	14	29	3
– Pâté de chair	298	15	26	1
– Pâté de foie	376	10	36	3
– Pâté de gibier	256	16	20	3
– Pâté de jambon	316	15	28	1
– Pâté de lapin	230	17	17	2
– Pâté de tête	201	16	15	0,5
– Pâté en croûte	321	12	25	12
Pâté impérial ou nem	180	6,6	5	27
– 1 grand nem (75 g)	134	5	3,7	20
– 1 petit nem (30 g)	54	2	1,5	8,1
Patelle (bernique)	92	17	2	1,5
Pâtisseries	300-500	5-9	4-23	40-78
Pâtissons	31	1,3	0,2	6
Patosofu	120	11,5	6,8	3,5

Pour 100 g ou 100 ml	Calories	Protides	Lipides	Glucides
Patudo (thon obèse)	141	24	5	–
Paupiettes de veau	334	12,5	27,5	9
– 1 paupiette de veau	421	15,5	35	11
Pavé d'Auge	300	21	24	–
Pavot (grains de pavot)	0	–	–	–
Pêches	46	0,5	–	11
– 1 pêche	69	0,75	–	16,5
– Jus de pêche	52	0,5	–	12,5
– Pêches au sirop	74	0,5	–	18
– Pêches séchées	280	3,5	0,5	65
Pêche des Tropiques	62	0,6	0,2	14,3
Pecorino	380	36	26,5	–
Pectines	0	–	–	–
Pélamide (bonite)	109	25	1	–
Pélardon	345	21	29	–
Pepino (sweetie)	36	0,7	0,1	8
– 1 Pepino de 250 g	90	1,8	0,25	20
Pépins de raisin (huile)	900	–	99,9	–
Pepsi-Cola	42	–	–	10,5
– 1 canette (33 cl)	138	–	–	34,5
Pequet	224	–	–	–
Perce-pierre (chritmum)	26	2	0,2	4
Perche	95	21,5	1	–
Perdreau et perdrix	115	25	1,5	–
Pernod	270	–	–	2

Pour 100 g ou 100 ml	Calories	Protides	Lipides	Glucides
Persil	28	4,4	0,5	1,4
Persil arabe	28	4,4	0,5	1,4
Persil chinois (coriandre)	28	4,4	0,5	1,4
Persillé de bœuf	180	20	11	–
Persillés (fromages)	370	18,5	33	–
Pesto	635	10	63	7
Pétales de maïs	374	7	0,6	85
Petits-beurre	431	8	1	75
– 1 petit-beurre	35	0,6	0,7	6,5
Petits-fours	360	8	8	64
Petit-gris (champignons)	26	2,5	0,5	3
Petit-gris (escargots)	73	16	1	–
Petit-lait (lactosérum)	24	0,7	0,2	4,8
Petit mil (millet)	342	11	4	65
Petits pois (pois verts)	60	5	0,4	9
Petit salé aux lentilles	200	10	13	10,5
Petits-suisses :				
– À 20 % MG :	96	10,6	4,5	3,3
– 1 de 30 grammes	29	3,2	1,4	1
– 1 de 60 grammes	58	6,4	2,7	2
– À 40 % MG :	140	9,5	10	3
– 1 de 30 grammes	42	2,8	3	0,9
– 1 de 60 grammes	84	5,7	6	1,8
– À 60 % MG :	210	8,5	18,5	3
– 1 de 30 grammes	63	2,5	5,5	0,9

Pour 100 g ou 100 ml	Calories	Protides	Lipides	Glucides
– 1 de 60 grammes	126	5,1	11,1	1,8
– Au chocolat :	210	4,7	10,8	23,6
– 1 de 30 grammes	63	1,4	3,3	7
– 1 de 60 grammes	126	2,8	6,5	14
– Aux fruits :	180	6	8,5	20
– 1 de 30 grammes	54	1,8	2,5	6
– 1 de 60 grammes	108	3,6	5,1	12
Pétoncle (vanneau)	70	15	0,3	3
Pe-tsaï (chou chinois)	12	1	–	2
Pézizes	26	2,5	0,5	3
Pholiotes du peuplier	26	2,5	0,5	3
Phoque	235	25	15	–
Physalis	45	1	0,1	10
Pibales (civelles)	206	20	14	–
Picalillis	30	1	0,2	6
Pickles	25	1	0,1	5
Picodon	345	21	29	–
Picon	105	–	–	1
Pied (abat d'animaux)	342	17	30	1
Pied-bleu (tricholome)	26	2,5	0,5	3
Pied-de-mouton (hydne)	33	2,5	0,4	4,7
Pierre-qui-vire	286	21	22	–
Pieuvre	73	16	1	–
Pigeon	128	23	4	–
Pignons de pin	670	13	60	20

Pour 100 g ou 100 ml	Calories	Protides	Lipides	Glucides
Pigouille	286	21	22	–
Pilchards à la tomate	185	16	13	1
Pilet (canard)	124	22	4	–
Pili-Pili	0	–	–	–
Pilpil (blé concassé)	342	13	2,5	67
– Pilpil cuit	96	3,7	0,3	19,5
Piments	0	–	–	–
Piments doux (poivrons)	26	0,9	0,3	4,9
Pimprenelle	0	–	–	–
Pineau des Charentes	118	–	–	–
Pintade et Pintadeau	150	23	6,5	–
Pis de génisse	148	10	12	–
Pisco	240	–	–	–
Pisquette	79	18	0,3	–
Pissalat	478	11,2	48	0,2
Pissenlit	40	2,7	0,7	5,8
Pistaches	606	21	52	13,5
– 10 pistaches	36	1,2	3,1	0,8
Pistou (pâte au basilic)	340	2,5	33,5	7
Pitahaya ou Pitaya	56	1,4	0,4	11,8
Pithiviers (fromage)	282	21	22	–
Pithiviers (gâteau)	340	8	12	50
Pizzas (en moyenne)	250	10	10	30
– 1 pizza de 140 g	350	14	14	42
– 1 pizza de 350 g	875	35	35	105

Pour 100 g ou 100 ml	Calories	Protides	Lipides	Glucides
– 1 pizza de 415 g	1037	42	41,5	125
Plaquemine (kaki)	66	0,7	0,2	15,3
Plat de côtes de bœuf	257	17	21	–
Plat de tranche de bœuf	180	20	11	–
Pleurotes	26	2,5	0,5	3
Plie (carrelet)	94	19	2	–
Pluvier (gravelot)	115	25	1,5	–
Pobianos	26	0,9	0,3	4,9
Pocheteau	89	20	1	–
Poires	50	0,4	–	12,2
– 1 poire moyenne	58	0,5	–	14
– 1 poire Belle-Hélène	274	4,5	12,2	36,5
– Jus de poire	64	0,2	–	15,8
– Poires au sirop	60	0,5	–	14,5
– Poires séchées	272	1,8	1,8	62
– Poire (eau de vie)	240	–	–	–
Poire aligator (avocat)	147	2	15	1
Poire de bœuf (viande)	148	28	4	–
Poire de cactus	50	0,8	0,3	10,8
Poire des Indes (goyave)	48	1	0,4	11
Poiré	280	–	–	–
Poireau	32	1,5	0,2	6
Poirée (bette ou blette)	24	2	0,2	3,5
Pois carrés	60	5	0,4	9
Pois cassés (crus)	356	22	2,5	63

Pour 100 g ou 100 ml	Calories	Protides	Lipides	Glucides
– Pois cassés cuits	125	8,5	0,3	22
Pois chiches (crus)	360	18	5	61
– Pois chiches cuits	144	8	2,6	22
Pois gourmands	60	5	0,4	9
Pois secs (crus)	330	23	2	56
– Pois secs cuits	125	8,5	0,3	22
Pois verts (petits pois)	60	5	0,4	9
Poissons :				
– Poissons maigres	80	16-17	1-2	–
– Poissons demi-gras	120	14-20	4-8	–
– Poissons gras	180	14-25	10-16	–
– Poissons à l'huile	265	20-24	17-21	–
– Poissons fumés	150-300	20-25	1-25	–
– Poissons panés	200	12	8,5	19
– Poissons séchés	320	75	2,5	–
– Huile de poissons	900	–	99,9	–
– Œufs de poissons	253	25	17	–
– Quenelles de poisson	200	5	16	9
– Rillettes de poisson	342	17,9	30	0,1
– Surimi (pâte de poisson)	77	11	1	6
– Terrines de poisson	302	11	26	6
Poisson-chat	75	18	0,5	–
Poitrine de bœuf	180	20	11	–
Poitrine de mouton	248	17	20	–
Poitrine de porc fumée	304	16	26,5	0,5

Pour 100 g ou 100 ml	Calories	Protides	Lipides	Glucides
Poitrine de porc salée	**283**	14	25	0,5
Poitrine de veau	**175**	19	11	–
Poivre	**0**	10	3	38
Poivre d'âne (sarriette)	**0**	–	–	–
Poivrons (piments doux)	**26**	0,9	0,3	4,9
Polenta (cuite)	**111**	3,9	0,4	23
Pollen	**0**	–	–	–
Pomelo (pamplemousse)	**42**	0,5	–	10
– 1 pomelo de 250 g	**105**	1,3	–	25
– Jus de pomelo	**36**	0,5	–	8,5
Pomme	**50**	0,3	–	12
– 1 pomme	**100**	0,6	–	24
– Jus de pomme	**45**	0,2	–	11
– Pommes séchées	**283**	1,4	1,9	65
Pomme-callebasse	**55**	2,5	1,2	8,5
Pomme-cannelle	**98**	1,8	0,2	22,2
Pomme-cythère	**47**	0,4	0,1	11
Pomme étoilée	**144**	2,9	4,9	22
Pomme-grenade	**63**	1	0,3	14
Pomme malac	**18**	0,6	0,1	3,6
Pomme-poire	**50**	0,4	–	12,2
Pomme rose	**33**	0,7	0,2	7
Pomme d'amour	**20**	1	0,2	3,2
Pomme de Goa	**30**	0,5	0,3	6,5
Pomme de terre :	**84**	1,2	0,1	19,3

Pour 100 g ou 100 ml	Calories	Protides	Lipides	Glucides
– Chips	582	5,5	40	50
– 10 chips	105	1	6,9	10
– Flocons déshydratés	365	8	1	81
– Purée reconstituée	88	2,5	2,4	14
– Frites de « fast food »	400	5	19	52
– 1 portion de 70 g	280	3,5	13,3	36,4
– 1 portion de 110 g	440	5,5	20,9	57,2
– 1 portion de 135 g	540	6,8	25,7	70,2
– Frites « allégées »	233	4	9	34
– 1 portion de 70 g	163	2,8	6,3	23,8
– 1 portion de 110 g	256	4,4	9,9	37,4
– 1 portion de 135 g	315	5,4	12,2	45,9
– Röstis	232	2	12	29
Pommée batavia (laitue)	15	1	0,3	2
Pommée beurre (laitue)	15	1	0,3	2
Pont-l'Évêque	300	21	24	–
Pop-corn :				
– Maïs soufflé à l'air	345	12	5	63
– Maïs soufflé à l'huile	480	9	28	48
Porc :				
– *Viande (en moyenne)*	211	19	15	–
– Carré de porc	211	19	15	–
– Cervelle de porc	126	10,5	9	0,7
– Cochon de lait	260	20	20	–
– Cœur de porc	115	17	5	–

Pour 100 g ou 100 ml	Calories	Protides	Lipides	Glucides
– Collier de porc	207	18	15	–
– Côte de porc	211	19	15	–
– Couenne	435	30	35	–
– Échine de porc	257	17	21	–
– Épaule de porc	211	19	15	–
– Filet de bacon	132	23	4,3	0,4
– Filet mignon de porc	113	21	3,2	–
– Foie de porc	135	21	5	1,5
– Graisse de porc	891	–	99	–
– Grillade de porc	211	19	15	–
– Jambon blanc ou cuit	136	18,4	6,5	0,8
– Jambon cuit dégraissé	114	18,4	4,2	0,8
– Jambon de Paris	136	18,4	6,5	0,8
– Jambon cru ou sec	229	23	15	0,5
– Jambon de Bayonne	229	23	15	0,5
– Jambon de Parme	229	23	15	0,5
– Jambons secs fumés	330	15-20	27-30	0,5
– Jambonneau	172	20	10	0,5
– Langue de porc	207	18	15	–
– Lard de porc	670	10	70	–
– Lard maigre de porc	281	18	23	0,5
– Lardons	281	18	23	0,5
– Longe de porc	211	19	15	–
– Museau de porc	201	16	15	0,5
– Palette de porc	211	19	15	–

Pour 100 g ou 100 ml	Calories	Protides	Lipides	Glucides
– Pied de porc	342	17	30	1
– Poitrine fumée	304	16	26,5	0,5
– Poitrine salée	283	14	25	0,5
– Porcelet	260	20	20	–
– Rillettes de porc	438	15	42	0,1
– Rognons de porc	95	17	3	–
– Rôti de porc maigre	203	17	15	–
– Roulade de porc	275	14	23	3
– Saindoux	891	–	99	–
– Tête de porc	200	16	15	–
– Travers de porc	284	17	24	–
– Ventrèche	281	18	23	0,5
Porridge	157	6,1	4,7	22,6
Port-salut	362	24	29	2
Porto	143	–	–	10
– 1 verre de 7 cl	100	–	–	7
Portugaises (huîtres)	80	10	2	5
– 12 huîtres	110	13	3	7,5
Potages (250 ml) :				
– Bisque de homard	86	2,5	4	10
– Bisque de langoustine	99	3,5	5	10
– Bouillon de bœuf	64	5	1,5	7,5
– Bouillon de légumes	45	1,2	–	10
– Bouillon de volailles	54	2,5	0,5	10
– Crème d'asperges	97	3,2	4	12

Pour 100 g ou 100 ml	Calories	Protides	Lipides	Glucides
– Crème de champignons	113	1,6	6,7	11,4
– Crème de tomates	82	1,4	2,2	14,2
– Crème de volailles	58	2,2	1,5	8,9
– Minestrone	96	2,9	1,5	16,7
– Potage pékinois	53	2	1	9
– Soupe chorba	83	3,3	1,5	14
– Soupe au cresson	58	1,7	1,8	8,6
– Soupe de légumes	97	2,5	2,5	16,2
– Soupe de lentilles	217	10	7,5	27,5
– Soupe à l'oignon	98	5	6	6
– Soupe au pistou	85	2,5	1,7	15
– Soupe aux pois	183	9	3	30
– Soupe de poissons	105	6	5	9
– Poireaux-p. de terre	70	1	2	12
– Poulet-vermicelle	87	5	2,5	11,2
– Tomate-vermicelle	57	1,6	1	10,3
– Velouté d'asperges	124	3,7	5	16
– Velouté-champignons	155	3,7	10	12,5
– Velouté de légumes	134	2,5	8	13
– Velouté de tomates	138	2,5	7,5	15
Pot-au-feu cuit	150	13	8	6,5
Potée aux choux	166	8,5	12,5	5
Potimarron	32	1,1	0,5	5,9
Potiron	32	1,1	0,3	6,2
Pouce-pied	73	16	0,5	1

Pour 100 g ou 100 ml	Calories	Protides	Lipides	Glucides
Poudre à lever	0	–	–	–
Poudre d'amandes	580	19	54	4,5
Poudre de cacao	331	19	23	12
Poudre chocolatée	398	6	6	80
Poudre maltée sucrée	413	14	5	78
Poulamon	151	22	7	–
Poule et poularde :				
– Viande avec la peau	230	17	18	–
– Viande sans la peau	158	17	10	–
– Œufs de poule	146	13	10,5	–
– 1 œuf de poule	80	7,5	5,5	–
– Bouillon de volaille	54	2,5	0,5	10
Poulet :				
– Viande avec la peau	170	20	10	–
– Viande sans la peau	124	22	4	–
– Blanc de poulet	108	21	22	1,5
– Foie de poulet	135	19	6,3	0,7
– Bouillon de volaille	54	2,5	0,5	10
Poule d'eau	115	25	1,5	–
Poule des bois (grouse)	115	25	1,5	–
Poule d'Inde (dinde)	170	20	10	–
Poule faisane	128	23	4	–
Pouligny-Saint-Pierre	345	22,5	28,3	–
Poulpe	73	16	1	–
Poumon (mou)	95	18	2,5	–

Pour 100 g ou 100 ml	Calories	Protides	Lipides	Glucides
Pourly	340	22	28	–
Pourpier (feuilles)	20	1,4	0,2	3
Pousses de bambou	35	2,3	0,2	6
Pousses de soja	17	2	0,1	2
Pousse-morue (brosme)	79	18	0,5	–
Poussin (coquelet)	170	20	10	–
Poutargue (boutargue)	253	25	17	–
Praires	47	10	0,5	1
– Praires farcies	342	10	33	1,3
– 12 praires farcies	374	11	36	1,5
– Farce pour praires	472	4,5	50	1
Pralines	560	15	36	44
– 1 Praline	56	1,5	3,6	4,4
Prêtre (athérine)	85	18	1,5	–
Profiteroles au chocolat	222	3	10	30
– 1 Profiterole	144	1,9	6,5	19,5
Prosciutto	229	23	15	0,5
Provolone	374	35	26	–
Prunes	52	1	–	12
– 1 prune	26-52	0,5-1	–	6-12
– Jus de prune	68	–	–	17
– Prune (eau-de-vie)	240	–	–	–
Prune de Cythère	47	0,4	0,1	11
Pruneaux	172	2,5	0,2	40
– 1 pruneau	30	0,4	0,1	6,8

Pour 100 g ou 100 ml	Calories	Protides	Lipides	Glucides
– Jus de pruneau	76	0,3	0,1	18
Prunelle (eau-de-vie)	240	–	–	–
Psalliotes	23	2,7	0,5	1,8
Pudding	360	13	11	52
Pulque	56	–	–	–
Punchs	200	–	–	–
Pure malt (whisky)	224	–	–	–
– 1 verre de 4 cl	90	–	–	–
Purées :				
– Purée d'avocat	147	2	15	1
– Purée de brocolis	62	3,8	3,2	4,4
– Purée de carotte	42	2,8	0,6	6,2
– Purée de céleri-rave	32	1,7	0,1	6
– Purée de chou-fleur	77	2,5	4,6	6,5
– Purée de courgettes	68	2,9	3,9	5,3
– Purée d'épinards	84	4	3,5	9
– Purée de haricot vert	29	2,3	0,2	4,4
– Purée de lentilles	140	8,5	6	13
– Purée de marrons	211	4	3	42
– Purée de petits-pois	58	7,2	0,7	5,5
– Purée de pois cassés	147	13	2,3	18,5
– Purée de p. de terre	88	2,5	2,4	14
– Purée de sésame	649	24	57	10
Pyrénées (fromage)	357	23	29,5	–

Pour 100 g ou 100 ml	Calories	Protides	Lipides	Glucides
Quartirolo	282	21	22	–
Quasi de veau	175	19	11	–
Quatre-épices	0	–	–	–
Quatre-quarts	400	5,5	14	63
Queue de bœuf	202	28	10	–
Queue de lotte	79	18	1	–
Queue de veau	202	28	10	–
Quenelles de poissons	200	5	16	9
– 1 quenelle de 120 g	240	6	19,2	10,8
– 1 quenelle de 40 g	82	2,4	6,4	3,6
Quenelles de volailles	196	7	12	15
– 1 quenelle de 120 g	235	8,4	14,4	18
– 1 quenelle de 40 g	79	2,8	4,8	6
Quetsche (prune)	52	1	–	12
– Quetsche (eau-de-vie)	240	–	–	–
Quiche lorraine	362	11,5	26	20,5
– 1 quiche de 110 g	398	12,6	28,6	22,5
– 1 quiche de 150 g	543	17,2	39	30,8
Quinoa ou riz inca	342	11	4	65
– Quinoa cuit	152	5,2	2,3	27,6
Racine de gingembre	61	2	1,5	10
Racine de lotus	44	2	0,2	8,5
Racine de manioc	154	1	0,2	37
Raclette	352	25	28	–

Pour 100 g ou 100 ml	Calories	Protides	Lipides	Glucides
Radis blanc	58	2,8	0,3	11
Radis noir	58	2,8	0,3	11
Radis oriental (daïkon)	58	2,8	0,3	11
Radis roses	16	0,6	0,3	2,6
Ragot (sanglier)	111	21	3	–
Rahat-Loukoum	380	–	–	95
Raie	89	20	1	–
Raifort	62	4,5	–	11
Raiponce	28	0,5	–	6,5
Raisin	70	0,5	0,7	15,5
– Jus de raisin	62	0,5	–	15,5
– Raisins secs	278	2,6	0,5	65,8
– Huile de pépins	900	–	99,9	–
Raki	252	–	–	–
Râle	106	22	2	–
Ramboutan (litchi poilu)	71	1	0,3	16
Ran (bulot ou buccin)	90	17	2	1
Rapini	12	1	–	2
Ras al-hanout	0	–	–	–
Rascasse	98	20	2	–
Ratafia	252	–	–	–
Ratatouille niçoise	52	1,5	3,3	4
Rave (chou-rave)	40	1	–	9
Raviolis sauce tomate	123	5,3	5,5	13
Reblochon	310	20	25,5	–

Pour 100 g ou 100 ml	Calories	Protides	Lipides	Glucides
Red snapper	77	17	1	–
Réglisse	380	1	–	94
Reine-Claude (prune)	52	1	–	12
Reinette (pomme)	50	0,3	–	12
Religieuse (1 gâteau)	298	7	14	36
Relish (1 c. à soupe)	40	0,5	–	9,5
Renne	120	22	3,5	–
– Lait de renne	240	10,5	20	4,5
Requin	105	24	1	–
Rhubarbe	18	0,5	–	4
Rhum	235-308	–	–	–
Ricard	270	–	–	2
Ricotta	98	8	6	3
Rigatonis (crus)	355	12,5	1	74
– Rigatonis cuits	110	3,5	0,2	23,5
Rigotte	282	21	22	–
Rillettes :				
– Rillettes d'oie	464	15	45	0,1
– Rillettes de porc	438	15	42	0,1
– Rillettes de poissons	342	17,9	30	0,1
– Rillettes du Mans	438	15	42	0,1
– Rillettes de Tours	522	18	50	0,1
– Rillons ou rillauds	438	15	42	0,1
Ris de veau ou d'agneau	116	20	4	–
Riz :				

Pour 100 g ou 100 ml	Calories	Protides	Lipides	Glucides
– Riz blanc (cru)	370	6,7	0,6	86
– Riz blanc cuit	127	2,3	0,2	29
– Riz cantonnais cuit	140	4,8	1,4	27
– Riz complet (cru)	379	7,5	2,8	81
– Riz complet cuit	125	2,5	0,8	27
– Riz au lait	135	3	3	24
– Riz soufflé	417	6	1	96
– Farine de riz	347	7,5	0,5	78
Riz inca ou Quinoa	342	11	4	65
– Riz inca cuit	152	5,2	2,3	27,6
Rocamadour	459	27	39	–
Rocher au chocolat (1)	167	2,2	11,5	14
Rognon rouge (rein) :				
– Rognons d'agneau	95	17	3	–
– Rognons de bœuf	125	15	7	–
– Rognons de mouton	105	18	3,5	–
– Rognons de porc	95	17	3	–
– Rognons de veau	109	17	4,5	–
Rognon blanc (animelle)	116	20	4	–
Rollmops (hareng mariné)	239	16	15	10
Rollot	332	20	28	–
Romaine (laitue)	15	1	0,3	2
Romarin	0	–	–	–
Romsteck ou rumsteck	180	20	11	–
Roncal	335	23	27	–

Pour 100 g ou 100 ml	Calories	Protides	Lipides	Glucides
Rond de gîte (bœuf)	**180**	20	11	–
Rond de tranche (bœuf)	**180**	20	11	–
Rônier (palmier) :				
– Chou palmiste	**47**	3	0,3	8
– Cœur de palmier	**47**	3	0,3	8
– Fécule de palmier	**346**	10	2	72
– Sagou (fécule)	**346**	10	2	72
– Vin de palme	**100**	–	–	–
Roquefort	**370**	18,5	33	–
Roquette	**15**	1	0,3	2
Rosbif ou roastbeef	**148**	28	4	–
Rose (confiture de rose)	**278**	0,5	–	69
Rosés (champignons)	**26**	2,5	0,5	3
Rosette ou fuseau	**401**	24	33	2
Röstis	**232**	2	12	29
Rotengle (gardon)	**112**	19	4	–
Rôtis :				
– Rôti de bœuf	**148**	28	4	–
– Rôti de dindonneau	**124**	22	4	–
– Rôti de porc maigre	**203**	17	15	–
– Rôti de veau	**175**	19	11	–
Rougail (1 c. à soupe)	**40**	0,5	–	9,5
Rouget-barbet	**148**	19	8	–
Rouget de roche	**148**	19	8	–
Rouget de vase	**148**	19	8	–

Pour 100 g ou 100 ml	Calories	Protides	Lipides	Glucides
Rouget du Sénégal	148	19	8	–
Rouget-grondin	95	17	3	–
Rouille (sauce rouille)	270	2	23	14
Roulade de porc	275	14	23	3
Rouleaux de printemps	118	6	2	19
– 1 rouleau (150 g)	177	9	3	28,5
Roussette (saumonette)	105	24	1	–
Rouy	332	23,5	26,5	–
Royale (daurade royale)	77	17	1	–
Rumsteck ou romsteck	180	20	11	–
Russules	26	2,5	0,5	3
Rutabaga (chou-navet)	34	1,2	–	7
Rye whiskey	224	–	–	–
– 1 verre de 4 cl	90	–	–	–
Sablés (biscuits)	488	7,5	20	69,5
Sabre	135	18	7	–
Saccharine	0	–	–	–
Saccharose (sucre) :	400	–	–	100
– 1 cuillère à café	20	–	–	5
– 1 cuillère à soupe	60	–	–	15
– 1 sucre carré (4 g)	16	–	–	4
– 1 sucre numéro 4	20	–	–	5
– 1 sucre numéro 3	28	–	–	7
Safran	0	–	–	–

Pour 100 g ou 100 ml	Calories	Protides	Lipides	Glucides
– Fleurs de safran	0	–	–	–
Safran bâtard (carthame)	0	–	–	–
Safran des Indes	0	–	–	–
Sagou (fécule)	346	10	2	72
Saindoux	891	–	99	–
Saingorlon	357	24	29	–
Saint-Félicien	365	17	33	–
Saint-Florentin	300	21	24	–
Saint-Honoré	394	4	18	54
Saint-Jacques (coquille)	74	15	0,5	3,5
Saint-Marcellin	328	19	28	–
Saint-Moret	228	9,5	20	2,5
Saint-Nectaire	344	23	28	–
Saint-Paulin	303	24	23	–
Saint-Pierre	77	17	1	–
Sainte-Maure	347	21,5	29	–
Saké	84	–	–	–
Salade verte (sans huile)	15	1	0,3	2
Salak	98	0,4	4	15
Salami danois	505	14	49	2
Salami hongrois	370	18,5	32	2
Salami italien	460	18,5	42	2
Salers	322	22	26	–
Salicorne (corne à sel)	26	2	0,2	4
Salsifis	34	2,6	0,4	5

Pour 100 g ou 100 ml	Calories	Protides	Lipides	Glucides
Salsifis noir (scorsonère)	34	2,6	0,4	5
Sambuka	252	–	–	–
Samsoë	322	22	26	–
Sandre	95	21,5	1	–
Sandwich (unité) :				
– à la viande	433	27,5	11	56
– au gruyère	462	14,5	20	56
– au jambon-beurre	402	17,5	12	56
– au pâté	471	14,5	21	56
– aux rillettes	480	14,5	22	56
– au saucisson-beurre	536	15	28	56
– au thon-œufs-salade	460	19,5	17,5	56
Sanglier :				
– Bête noire ou ragot	111	21	3	–
– Bête rousse (6-12 mois)	111	21	3	–
– Marcassin (4-6 mois)	111	21	3	–
– Laie (sanglier femelle)	111	21	3	–
– Solitaire (vieux mâle)	111	21	3	–
Saõ Jorge	322	22	26	–
Sapote	100	2	0,4	22
Sapotille	71	0,5	0,9	15,4
Sar	77	17	1	–
Sarcelle (canard sauvage)	165	21	9	–
Sardine :				
– Sardines fraîches	161	20	9	–

Pour 100 g ou 100 ml	Calories	Protides	Lipides	Glucides
– 1 sardine fraîche	48	6	2,7	–
– Sardines à l'huile	218	23	14	–
– 1 sardine à l'huile	66	7	4,2	–
– Sardines à la tomate	185	16	13	1
– 1 sardine à la tomate	56	4,8	3,9	0,3
– Pilchards à la tomate	185	16	13	1
Sargue	77	17	1	–
Sarrasin ou blé noir :				
– Farine de sarrasin	323	10,5	2,3	65
– Grains de sarrasin	304	10,5	2	61
– Kacha (ou cacha) cuite	110	3,5	0,2	23,5
Sarriette	0	–	–	–
Sarteno	322	22	26	–
Sauces :				
– Aïoli	710	1,3	78	0,7
– Aïoli allégé	463	2	47	8
– Chutney (1 c. à soupe)	40	0,5	–	9,5
– Ketchup	120	2	0,4	27
– Ketchup light	78	1	0,1	18,2
– Mayonnaise	710	1,3	78	0,7
– Mayonnaise allégée	395	1	39	11
– Nuoc-Mâm (1 c. à café)	1,2	0,3	–	–
– Sauce à la crème	176	1,5	18	2
– Sauce au poivre vert	118	5,2	6,2	10,2
– Sauce au roquefort	408	11	40	1

Pour 100 g ou 100 ml	Calories	Protides	Lipides	Glucides
– Sauce au soja	60	7	–	8
– Sauce au yaourt	50	4	1,5	5
– Sauce américaine	455	1,4	47	6,6
– Sauce andalouse	400	2,5	39	9,5
– Sauce barbecue	140	1,3	1,7	30
– Sauce bâtarde	192	4,5	15,3	9,2
– Sauce béchamel	130	3,4	8,8	9,3
– Sauce béarnaise	412	1,5	42	7
– Sauce beurre blanc	288	0,5	30	4
– Sauce blanche	148	4,5	9,5	11
– Sauce bolognaise	140	8,5	10	4
– Sauce carbonara	96	3	7	5,3
– Sauce chasseur	50	1,2	2,2	6,2
– Sauce Chop Suey	350	12	7,8	58
– Sauce gribiche	410	7	42	1
– Sauce hamburger	463	1	47	9
– Sauce hollandaise	300	1	31	4
– Sauce madère	353	4	25	28
– Sauce marchand de vin	80	0,8	2,4	13,8
– Sauce mexicaine	450	1,2	47	5,6
– Sauce Mornay	108	5,5	5,5	9
– Sauce mousseline	379	6	39	1
– Sauce moutarde	453	1,5	47	6
– Sauce napolitaine	232	5,5	6,7	37,5
– Sauce Périgueux	369	6	25	30

Pour 100 g ou 100 ml	Calories	Protides	Lipides	Glucides
– Sauce piquante	353	4	25	28
– Sauce portugaise	392	4	28	31
– Sauce poulette	196	6,5	14	11
– Sauce ravigotte	418	0,1	42	10
– Sauce rémoulade	350	0,1	38	2
– Sauce Robert	392	4	28	31
– Sauce rouille (rouille)	270	2	23	14
– Sauce soubise	148	4,5	9,5	11
– Sauce suprême	156	4	12	8
– Sauce tartare	463	1	47	9
– Sauce tartare allégée	395	0,9	39	10
– Sauce tomate	75	2	4,2	7,2
– Sauce tomate-viande	116	4,5	8	6,5
– Sauce verte	379	6	39	1
– Tabasco	0	–	–	–
– Vinaigrette	658	0,1	73	0,2
– Vinaigrette allégée	323	0,3	34,3	3,3
– Vinaigrette paraffine	0	–	–	–
– Worcestershire sauce	4	–	–	1
Saucisses :				
– Chair à saucisse	324	13	30	0,5
– Cervelas	304	12	28	1
– 2 tranches (20 g)	61	2,4	5,6	0,2
– Chipolatas	328	14	30	0,6
– 1 Chipolata	328	14	30	0,6

Pour 100 g ou 100 ml	Calories	Protides	Lipides	Glucides
– Crépinettes	324	13	30	0,5
– 1 Crépinette	421	17	39	0,6
– De Francfort	310	13	28	1,5
– 1 saucisse	77	3,2	7	0,4
– De Montbéliard	337	14	31	0,5
– 1 saucisse	404	16,8	37,2	0,6
– De Morteau	321	14	29	1
– 1 saucisse	899	39,2	81,2	2,8
– De Strasbourg	310	13	28	1,5
– 1 saucisse	77	3,2	7	0,4
– De Toulouse	328	14	30	0,6
– 1 saucisse	427	18,2	39	0,8
– Gendarme	474	21	42	3
– Figatelli	343	15	31	1
– Merguez	336	16	30	0,5
– 1 Merguez	235	11,2	21	0,4
– Saucisses-cocktail	310	13	28	1,5
– 1 saucisse-cocktail	22	0,9	2	0,1
– Saucisses fumées	343	15	31	1
– Saucisses sèches	467	26	39	3
Saucissons :				
– Boutefas	366	22	30	2
– Chorizo	499	20	45	3,5
– Jésus	366	22	30	2
– Mortadelle	323	14	29	1,5

Pour 100 g ou 100 ml	Calories	Protides	Lipides	Glucides
– Rosette ou Fuseau	401	24	33	2
– Salami danois	505	14	49	2
– Salami hongrois	370	18,5	32	2
– Salami italien	460	18,5	42	2
– Saucisson à l'ail	316	15	28	1
– Saucisson chasseur	474	21	42	3
– Saucisson cuit	332	14	30	1,5
– Saucisson d'Arles	515	20	47	3
– Saucisson de Lyon	484	19	44	3
– Saucisson de Paris	332	14	30	1,5
– Saucissons secs	473	25	41	1
Sauge	0	–	–	–
Saumon :				
– Saumon frais	170	20	10	–
– Saumonneau (tacon)	170	20	10	–
– Saumon fumé	262	25	18	–
– Œufs de saumon	253	25	17	–
– Rillettes de saumon	342	17,9	30	0,1
Saumon de fontaine	175	19	11	–
Saumonette (roussette)	105	24	1	–
Saurel (chinchard)	121	19	5	–
Sbrinz	377	29	29	–
Scamorza	387	36	27	–
Scampi (langoustines)	90	17	2	–
Scarole	15	1	0,3	2

Pour 100 g ou 100 ml	Calories	Protides	Lipides	Glucides
Schiedam	280	–	–	–
Schnaps	280	–	–	–
Schweppes	38	–	–	9,3
Sciène	111	19	3,9	–
Scorsonère (salsifis noir)	34	2,6	0,4	5
Scotch whisky	224	–	–	–
– 1 verre de 4 cl	90	–	–	–
Sébaste	98	20	2	–
Seiche	73	16	1	–
Seigle :				
– Farine de seigle	336	11	1,8	69
– Grains de seigle	338	11	2	69
– Pain de seigle	241	7	1	51
Sel (chlorure de sodium)	0	–	–	–
Selle d'agneau	234	18	18	–
Selle de chevreuil	120	22	3,5	–
Selle de mouton	248	17	20	–
Selles-sur-Cher	320	17	28	–
Semoules (crues)	358	13	2	72
– Semoules cuites	110	3,5	0,2	23,5
Scrac	80	8	4	3
Sériole	109	25	1	–
Serpolet (farigoule)	0	–	–	–
Sésame :				
– Grains de sésame	566	19	50	10

Pour 100 g ou 100 ml	Calories	Protides	Lipides	Glucides
– Huile de sésame	900	–	99,9	–
– Purée de sésame	649	24	57	10
Shangaï-choy	12	1	–	2
Sherry	84	–	–	–
Shiitaké (lentin)	35	4,3	0,2	4
Siffleur (canard)	124	22	4	–
Siki (requin)	105	24	1	–
Silure	206	20	14	–
Sing-kwa (gombo chinois)	22	0,6	0,1	4,6
Single malt (whisky)	224	–	–	–
– 1 verre de 4 cl	90	–	–	–
Sirop de sucre	300	–	–	75
– Sirop d'anis	328	–	–	82
– Sirop d'érable	280	–	–	70
– Sirops de fruits	264	–	–	66
– Sirop de grenadine	328	–	–	82
– Sirop de menthe	328	–	–	82
– Sirop d'orgeat	280	–	–	70
Slivovitz	240	–	–	–
Sodas :				
– Sodas sucrés	36-52	–	–	9-13
– Sodas « light »	0,3	–	–	< 0,1
– Bitters	52	–	–	13
– Colas	42	–	–	10,5
– Colas « light »	0,3	–	–	< 0,1

Pour 100 g ou 100 ml	Calories	Protides	Lipides	
– Ginger Tonics	36	–	–	
– Limonade	38	–	–	9,
– Tonics	36	–	–	9
Soja :				
– Desserts au soja	45-90	3-3,9	2-2,5	4-13
– Farine de soja	384	37	20	14
– Fromage de soja (tofu)	120	11,5	6,8	3,5
– Germes de soja	17	2	0,1	2
– Grains de soja (secs)	458	35	18	39
– Grains de soja cuits	229	18	11	14,5
– Haricot mungo germé	17	2	0,1	2
– Huile de soja	900	–	99,9	–
– Lait (ou jus) de soja	37	3,8	1,9	1,2
– Miso (soja fermenté)	214	12	6	28
– Natto (soja cuit)	229	18	11	14,5
– Pâte de soja (tofu)	120	11,5	6,8	3,5
– Pousses de soja frais	17	2	0,1	2
– Sauce au soja	60	7	–	8
– Soja à boire nature	37	3,8	1,9	1,2
– Tofu (pâte de soja)	120	11,5	6.8	3,5
– Yaourts au soja	45-90	3-3,9	2-2,5	4-13
Sole	73	16	1	–
Solitaire (vieux sanglier)	111	21	3	–
Son	290	14	3,3	51
– Pain de son	257	13	5	40

... g ou 100 ml	Calories	Protides	Lipides	Glucides
... (chou caraïbe)	**195**	2,5	0,5	45
... ou Corme	**50**	0,4	–	12,2
...orbets	**110**	0,5	0,5	25,5
Sorbets alcoolisés	**180**	0,2	0,1	25
Sorgho (gros mil)	**339**	10	3,5	70
Souchet (canard)	**124**	22	4	–
Soufflé au fromage	**256**	11,5	19	9,5
Soupes (250 ml) :				
– Bisque de homard	**86**	2,5	4	10
– Bisque de langoustine	**99**	3,5	5	10
– Bouillon de bœuf	**64**	5	1,5	7,5
– Bouillon de légumes	**45**	1,2	–	10
– Bouillon de volailles	**54**	2,5	0,5	10
– Crème d'asperges	**97**	3,2	4	12
– Crème de champignons	**113**	1,6	6,7	11,4
– Crème de tomates	**82**	1,4	2,2	14,2
– Crème de volailles	**58**	2,2	1,5	8,9
– Minestrone	**96**	2,9	1,5	16,7
– Potage pékinois	**53**	2	1	9
– Soupe chorba	**83**	3,3	1,5	14
– Soupe au cresson	**58**	1,7	1,8	8,6
– Soupe de légumes	**97**	2,5	2,5	16,2
– Soupe de lentilles	**217**	10	7,5	27,5
– Soupe à l'oignon	**98**	5	6	6
– Soupe au pistou	**85**	2,5	1,7	15

Pour 100 g ou 100 ml	Calories	Protides	Lipides	Glucides
– Soupe aux pois	**183**	9	3	30
– Soupe de poissons	**105**	6	5	9
– Poireaux-p. de terre	**70**	1	2	12
– Poulet-vermicelle	**87**	5	2,5	11,2
– Tomate-vermicelle	**57**	1,6	1	10,3
– Velouté d'asperges	**124**	3,7	5	16
– Velouté-champignons	**155**	3,7	10	12,5
– Velouté de légumes	**134**	2,5	8	13
– Velouté de tomates	**138**	2,5	7,5	15
Sous-noix de veau	**175**	19	11	–
Spaghettis (crus)	**355**	12,5	1	74
– Spaghettis cuits	**110**	3,5	0,2	23,5
Sparaillon	**77**	17	1	–
Sparrasis crépu	**30**	2,8	0,2	4,1
Spéciales de claires	**80**	10	2	5
– 12 huîtres	**110**	13	3	7,5
Spiritueux	**230-308**	–	–	–
Sprat frais	**129**	20	5,4	–
– Sprat fumé	**205**	22	13	–
Squille	**90**	17	2	–
Steak de bœuf	**148**	28	4	–
– Haché à 5 % MG	**129**	21	5	–
– Haché à 10 % MG	**168**	19,5	10	–
– Haché à 15 % MG	**207**	18	15	–
– Haché à 20 % MG	**250**	17,5	20	–

Pour 100 g ou 100 ml	Calories	Protides	Lipides	Glucides
Steak de cheval	130	22	4,6	–
Stilton	341	20	29	–
Stockfisch (morue séchée)	322	75	2,5	–
Stracchino	286	21	22	–
Strombe (lambi)	90	17	2	1
Strophaires	32	4	0,2	3,4
Sucettes	380	–	–	95
– 1 sucette	38	–	–	9,5
Sucre (saccharose) :	400	–	–	100
– 1 cuillère à café	20	–	–	5
– 1 cuillère à soupe	60	–	–	15
– 1 sucre carré (4 g)	16	–	–	4
– 1 sucre numéro 4	20	–	–	5
– 1 sucre numéro 3	28	–	–	7
Sucre candi	400	–	–	100
Sucre de canne	384	–	–	96
Sucre glace	400	–	–	100
Sucre d'orge	380	–	–	95
– 1 sucre d'orge	76	–	–	19
Sucre vanillé	396	–	–	99
– 1 sachet	32	–	–	8
Sucrine (laitue)	15	1	0,3	2
Suif (bœuf, mouton)	891	–	99	–
Supion (calmar)	83	16	1,1	2,3
Surimi (pâte de poisson)	77	11	1	6

Pour 100 g ou 100 ml	Calories	Protides	Lipides	Glucides
Surmulet (rouget de roche)	148	19	8	–
Suze	140	–	–	14
– 1 verre de 4 cl	56	–	–	5,6
Sweetie (pepino)	36	0,7	0,1	8
– 1 Sweetie de 250 g	90	1,8	0,25	20
Tabasco	0	–	–	–
Tabil	28	4,4	0,5	1,4
Taboulé	142	4	5,5	19
Tablier de sapeur	96	17	3	0,3
Tacaud	85	18	1,5	–
Taco (crêpe mexicaine)	225	18	9,5	17
Tacon (saumonneau)	170	20	10	–
Tadorne (canard)	124	22	4	–
Tafia	252	–	–	–
Tagliatelles (crues)	355	12,5	1	74
– Tagliatelles cuites	110	3,5	0,2	23,5
Taleggio	335	23	27	–
Tamarillo	50	0,5	–	12
Tamarin séché	186	4,4	0,5	41
Tamié	335	23	27	–
Tanche	77	18	0,5	–
Tangelo	42	0,5	–	10
Tangerine	46	0,5	–	11
Tapenade	478	11,2	48	0,2

Pour 100 g ou 100 ml	Calories	Protides	Lipides	Glucides
Tapioca (manioc)	384	0,5	0,2	95
– Tapioca cuit	211	1	0,4	51
Tarama	544	8,5	54	6
Taro	195	2,5	0,5	45
Tarpon	141	25	5	–
Tarte à la crème	306	6	18	30
Tarte à l'oignon	246	4,5	18	16,5
Tarte aux fruits	300	3,5	15	38
Tarte aux légumes	230	7	14	19
Taupe (requin-taupe)	105	24	1	–
Taureau	180	20	11	–
Taxo (curubu)	55	2,5	1,2	8,5
T-bone	180	20	11	–
Tec-tec (coquillage)	72	12	1,7	2,2
Tende-de-tranche	180	20	11	–
Tendron de bœuf	240	28,5	14	–
Tendron de veau	240	28,5	14	–
Tequila	224	–	–	–
Terrines :				
– Terrine de campagne	330	14	29	3
– Terrine de canard	335	14	29	4,5
– Terrine de chevreuil	293	13	25	4
– Terrine de foie	376	10	36	3
– Terrine de lapin	274	17	22	2
– Terrine de légumes	164	8	12	6

Pour 100 g ou 100 ml	Calories	Protides	Lipides	Glucides
– Terrine de lièvre	279	16	23	2
– Terrine de poissons	302	11	26	6
– Terrine forestière	345	13	31	3,5
Tête-de-moine	335	23	27	–
Tête-de-nègre (cèpe)	32	4	0,2	3,4
Tête de porc	200	16	15	–
Tête de veau	210	25	12	–
Tetilla	335	23	27	–
Tétine de génisse	148	10	12	–
Tétragone	25	2,3	0,3	3,2
Tétras (coq de bruyère)	115	25	1,5	–
Thé (non sucré)	0	–	–	–
Thons :				
– Albacore (yellow fin)	105	24	1	–
– Bonites	109	25	1	–
– Germon (thon blanc)	136	25	4	–
– Listao (bonite)	109	25	1	–
– Patudo (thon obèse)	141	24	5	–
– Pélamide (bonite)	109	25	1	–
– Thon rouge	141	24	5	–
– Yellow fin (albacore)	105	24	1	–
Thons en conserves :				
– Thons à l'huile	225	27	13	–
– Thons au naturel	118	25	2	–
Thoum (ail)	135	6	0,1	27,5

Pour 100 g ou 100 ml	Calories	Protides	Lipides	Glucides
Thym	0	–	–	–
Thymus ou ris (abat)	116	20	4	–
Ti-nain (banane)	95	1	0,3	22
Tilleul (infusion)	0	–	–	–
Tilsit	335	23	27	–
Tiof	141	24	5	–
Tiramisu	300	2,5	20	27,5
Tisanes	0	–	–	–
Titiri	206	20	14	–
Toddy (alcool de coco)	224	–	–	–
Toffees (caramels)	408	1,5	6	87
Tofu (pâte de soja)	120	11,5	6,8	3,5
Tomates :				
– Tomates fraîches	20	1	0,2	3,2
– Jus de tomate	20	1	0,2	3,2
– Concentré de tomate	90	3,5	0,5	18
– Sauce tomate	75	2	4,2	7,2
– Sauce tomate-viande	116	4,5	8	6,5
– Farce pour tomates	384	10	36	5
– 1 tomate farcie	143	6	11	5
– Tomato-Ketchup	120	2	0,4	27
– Tomato-Ketchup light	78	1	0,1	18,2
Tomate d'arbre	50	0,5	–	12
Tomatillo (cerise douce)	45	1	0,1	10
Tombe (grondin perlon)	95	17	3	–

Pour 100 g ou 100 ml	Calories	Protides	Lipides	Glucides
Tomme ou tome	322	22	26	–
Tonics	36	–	–	9
Tonimalt	358	13	2	72
Topinambour	44	1,6	0,1	9
Tortellinis (crus)	295	12,2	5,9	48,2
– Tortellinis cuits	95	3,9	1,9	15,5
Tortue	98	20	2	–
Tournedos de bœuf	180	20	11	–
Totote (fruit à pain)	90	1,5	0,5	20
Tournesol :				
– Grains de tournesol	595	24	47	19
– Huile de tournesol	900	–	99,9	–
– Margarine-tournesol	750	0,1	83	0,2
Touron ou turron	446	7,5	20	59
Tourteau (crabe)	99	20	1,6	1
Trachure (saurel)	121	19	5	–
Travers de porc	284	17	24	–
Trévise (chicorée)	15	1	0,3	2
Tricholomes	26	2,5	0,5	3
Tripes	96	17	3	0,3
Triple-crème (fromage)	396	9	40	–
Triple sec	208	–	–	16
Triscottes	390	10	5	75
Trois-quart (lièvre)	130	28	2	–
Trompettes-des-morts	26	2,5	0,5	3

Pour 100 g ou 100 ml	Calories	Protides	Lipides	Glucides
Truffes (champignons)	92	9	0,5	13
Truffes au chocolat	577	3	45	40
Truites :				
– Truite arc-en-ciel	151	22	7	–
– Truite d'élevage	151	22	7	–
– Truite fumée	208	25	12	–
– Truite océanide	99	18	3	–
– Truite saumonée	151	22	7	–
– Truite sauvage	99	18	3	–
Tuiles (petits-fours)	360	8	8	64
Turbot et turbotin	95	17	3	–
Tussilage	0	–	–	–
Tzatziki	344	3	36	2
Ugli	42	0,5	–	10
Uru (fruit à pain)	90	1,5	0,5	20
Vache-qui-rit 50 % MG	269	10	22,5	6,5
– 1 portion de 20 g	54	2	4,5	1,3
– 1 apéricube (5,3 g)	13	0,5	1,2	0,1
Vacherin (fromage)	321	17,5	28	–
Vacherin (pâtisserie)	394	4	18	54
Vairon	62	12	1,5	–
Valençay	324	18	28	–
Vandoise	112	19	4	–

Pour 100 g ou 100 ml	Calories	Protides	Lipides	Glucides
Vanneau (oiseau)	115	25	1,5	–
Vanneau (pétoncle)	70	15	0,3	3
Vanille	0	–	–	–
– Sucre vanillé	396	–	–	99
– 1 sachet de sucre	32	–	–	8
Veau :				
– Viande (en moyenne)	175	19	11	–
– Bas de carré de veau	175	19	11	–
– Blanquette de veau	142	7,3	6	14,6
– Carré de veau	175	19	11	–
– Cervelle de veau	120	10	8,6	0,5
– Cœur de veau	127	15	7	1
– Collier de veau	175	19	11	–
– Côte de veau	175	19	11	–
– Épaule de veau	175	19	11	–
– Escalope de veau	175	19	11	–
– Filet de veau	111	21	3	–
– Flanchet de veau	195	19,5	13	–
– Foie de veau	137	19	5	4
– Grenadin de veau	175	19	11	–
– Haut de côte de veau	175	19	11	–
– Jarret de veau	183	19	12	–
– Langue de veau	135	18	7	–
– Longe de veau	175	19	11	–
– Noix de veau	175	19	11	–

Pour 100 g ou 100 ml	Calories	Protides	Lipides	Glucides
– **Pied de veau**	**342**	17	30	1
– Poitrine de veau	**175**	19	11	–
– Quasi de veau	**175**	19	11	–
– Queue de veau	**202**	28	10	–
– Ris de veau	**116**	20	4	–
– Rognons de veau	**109**	17	4,5	–
– Rôti de veau	**175**	19	11	–
– Sous-noix de veau	**175**	19	11	–
– Tendron de veau	**240**	28,5	14	–
– Tête de veau	**210**	25	12	–
Veau de mer (requin)	**105**	24	1	–
Végétaline	**900**	–	99,9	–
Veine maigre de bœuf	**180**	20	11	–
Veloutés (250 ml) :				
– Velouté d'asperges	**124**	3,7	5	16
– Velouté-champignons	**155**	3,7	10	12,5
– Velouté de légumes	**134**	2,5	8	13
– Velouté de tomates	**138**	2,5	7,5	15
Vendôme	**300**	21	24	–
Ventrèche	**281**	18	23	0,5
Vénus (coquillage)	**53**	11	1	–
Vergeoise	**386**	0,1	0,1	96
Verjus	**0**	–	–	–
Vermeil	**77**	17	1	–
Vermicelle (cru)	**355**	12,5	1	74

Pour 100 g ou 100 ml	Calories	Protides	Lipides	Glucides
– Vermicelle cuit	110	3,5	0,2	23,5
Vermouth	143	–	–	10
Vernis (coquillage)	82	10	2	6
Verveine (infusion)	0	–	–	–
Verveine jaune	304	–	–	40
Verveine verte	388	–	–	20
Véronique	18	2,2	–	2
Vesce (graines)	330	30	0,8	50
Vesses-de-loup	33	5,5	0,2	2
Viandes *(en moyenne)* :				
– Abats	120	17	6	–
– Agneau	216	18	16	–
– Bœuf	180	20	11	–
– Cheval	130	22	4,6	–
– Gibiers	115	20-22	2-3,5	–
– Jambon cuit ordinaire	136	18,4	6,5	0,8
– Jambon cuit dégraissé	114	18,4	4,2	0,8
– Lapin	152	20	8	–
– Mouton	225	18	17	–
– Porc	211	19	15	–
– Veau	175	19	11	–
– Volailles avec la peau	170	20	10	–
– Volailles sans la peau	124	22	4	–
Viandes séchées :				
– Bœuf séché	246	39	10	–

Pour 100 g ou 100 ml	Calories	Protides	Lipides	Glucides
– Jambons secs	229	23	15	–
– Jambons secs fumés	330	15-20	27-30	–
– Viande des Grisons	246	39	10	–
Vieille (labre)	82	16	2	–
Vieux-Lille (maroilles)	332	20	28	–
Vignots (bigorneaux)	100	20	2,3	–
Vins :				
– Vin blanc à 10°	64	–	–	2
– Vin blanc à 11°	70	–	–	2
– Vin blanc à 12°	76	–	–	2
– Vin blanc à 13°	82	–	–	2
– Vin rosé à 10°	56	–	–	–
– Vin rosé à 11°	62	–	–	–
– Vin rosé à 12°	68	–	–	–
– Vin rouge à 9°	50	–	–	–
– Vin rouge à 10°	56	–	–	–
– Vin rouge à 11°	62	–	–	–
– Vin rouge à 12°	68	–	–	–
– Vin rouge à 13°	74	–	–	–
– 1 verre de vin (15 cl)	75-110	–	–	0-3
Vins divers :				
– Champagne	80-110	–	–	1,1-2
– Vermouth	143	–	–	10
– Vin aromatisé	140	–	–	12-15
– Vin de liqueur	142	–	–	10

Pour 100 g ou 100 ml	Calories	Protides	Lipides	
– Vin de noix	57	–	–	
– Vin de palme	100	–	–	
– Vin doux naturel	134	–	–	10-1.
– Vin mousseux	70-110	–	–	1,5-2
Vinaigre	24	0,2	–	0,6
– 1 cuillère à soupe	3	–	–	–
Vinaigrette	453	0,1	50	0,2
– Vinaigrette « allégée »	323	0,3	34,3	3,3
– Vinaigrette paraffine	24	0,2	–	0,6
Violet (cynthia)	95	15	2	–
Violette	0	–	–	–
Vivaneau	77	17	1	–
Vive	82	16	2	–
Vlita	12	1	–	2
Vodka	224	–	–	–
– 1 verre de 4 cl	90	–	–	–
Volailles *(en moyenne)* :				
– Viande avec la peau	170	20	10	–
– Viande sans la peau	124	22	4	–
– Foie de volaille	135	19	6,3	0,7
– Foie gras de volaille	460	7-10	44-50	2-3
– Quenelles de volaille	196	7	12	15
Vol-au-vent	182	7,5	12	11
Volvaires	26	2,5	0,5	3

ou 100 ml	Calories	Protides	Lipides	Glucides
	120	21	4	–
...ky	224	–	–	–
... verre de 4 cl	90	–	–	–
Witloof (endive)	16	1	–	3
Worcestershire sauce	4	–	–	1
Xérès (sherry)	84	–	–	–
Yam (igname)	101	2	0,2	23
Yaourt (1 pot de 125 g) :				
– Yaourt maigre nature	52	5,6	0,4	6,4
– Yaourt maigre aromatisé	62	5,4	0,1	9,4
– Yaourt maigre sucré	92	5	0,1	18
– Yaourt ordinaire nature	60	5,4	1,4	6,4
– Yaourt ordinaire aromatisé	100	3,9	0,9	14
– Yaourt ordinaire sucré	108	5	1,2	19,1
– Yaourt velouté nature	60	5,4	1,4	6,4
– Yaourt velouté aromatisé	100	3,9	0,9	14
– Yaourt velouté sucré	108	5	1,2	19,1
– Yaourt au lait entier	85	5,1	4,4	6,1
– Yaourt au lait aux fruits	142	4,4	3,4	23,6
– Yaourt au bifidus	82	4,5	4,2	6,4
– Yaourt au bifidus aux fruits	92	3,5	2,3	14
Yaourt à boire (100 g) :				
– Yaourt à l'aspartam	44	2,8	1,7	4,2

Pour 100 g ou 100 ml	Calories	Protides	Lipides	
– Yaourt aromatisé	80	2,9	1,4	
– Yaourt aux fruits	82	2,7	1,6	
– Yaourt nature sucré	75	2,9	1,2	13,
Yaourt (dessert) au soja	45-90	3-3,9	2-2,5	4-13
Yellow fin (thon)	105	24	1	–
Z'habitant (crustacé)	72	16	0,5	1
Zestes d'agrumes	0	–	–	–

Bibliographie

J. ADRIAN, G. LEGRAND, R. FRANGNE.
Dictionnaire de biochimie alimentaire et de nutrition.
Technique et documentation, Paris, 1981.

M. APFELBAUM, L. PERLEMUTER et coll.
Dictionnaire pratique de diététique et de nutrition, Masson
éditeur, Paris, 1981.

M. ASTIER-DUMAS et coll.
*Valeur nutritionnelle de quelques produits prêts à être
consommés*, Centre de Recherches Foch, Paris, 1983.

A.-F CREFF et L. BERARD.
Dictionnaire de la nouvelle diététique, Robert Laffont éditeur,
Paris, 1984.

H. DUPIN.
Apports nutritionnels conseillés pour les populations françaises.
CNRS-CNERNA.
Technique et documentation, Paris, 1985.

M. FEINBERG, J.-C. FAVIER, J. IRELAND-RIPERT.
Répertoire général des aliments. INRA éditions. Technique et
documentation, Paris, 1995.

L. RANDOIN et coll.
Tables de composition des aliments, Jacques Lanore éditeur,
Paris, 1976.

S. RENAUD et coll.
Table de composition des aliments, Astra-Calvé éditeur,
Courbevoie, 1982.

G. TCHOBROUTSKY, B. GUY-GRAND et coll.
Nutrition, métabolismes et diététique, Flammarion éditeur,
Paris, 1979.